Yildiz und Aytekin
Die zweite Generation erzählt

PH
V

Annemarie von der Groeben (Hg.)

Yildiz und Aytekin

Die zweite Generation erzählt

Peter Hammer Verlag

Umschlaggestaltung: Magdalene Krumbeck, Wuppertal
Umschlagfoto: ddp
Satz: Graphium press, Wuppertal
Druck: Clausen & Bosse, Leck
ISBN 3-7795-0056-6
www.peter-hammer-verlag.de

Inhalt

Dank

Dieses Buch ist ein Gemeinschaftswerk von vier Menschen. Die beiden Hauptpersonen, Yildiz und Aytekin, möchten nicht mit ihren richtigen Namen in Erscheinung treten; diese wurden darum anonymisiert.

Yildiz war Schülerin der Bielefelder Laborschule. Ich war damals Betreuungslehrerin ihrer Gruppe. Zwischen uns entstand eine besondere Beziehung und eine gemeinsame Geschichte. Viele Jahre nach ihrem Abschluss habe ich diese aufgeschrieben und Yildiz gebeten, den Text zu lesen. Sie reagierte mit dem Wunsch, ihre Version der Geschichte selbst zu erzählen. Da wir beide ja seit vielen Jahren im Gespräch waren, brauchten wir dazu eine außenstehende Moderatorin, die Yildiz nicht kannte, ihr mit Neugier und Wohlwollen und ihrer Geschichte zunächst mit »fremdem Blick« begegnete, der Yildiz aber vertrauen konnte. Meine Schwester Gune Weihe übernahm diese Rolle.

Aytekin, die zweite Hauptperson dieses Buches, ist mit Yildiz verheiratet. Seine Geschichte und sein Blick auf ihre Geschichte ergänzen diese um eine weitere, die »türkische« Perspektive. Er ist in einem anatolischen Dorf aufgewachsen und tief in der Kultur seines Landes verwurzelt, während Yildiz' Kindheit sich in einer deutschen Hochhauswohnung abspielte.

Die Erzählungen der beiden spiegeln zugleich die ungeheure Lebensanstrengung der zweiten Generation, im Grenzbereich zwischen zwei Kulturen Fuß zu fassen. Das Gespräch mit ihnen, an dem sie uns teilnehmen ließen, war für alle Beteiligten ein Lernprozess, in dessen Verlauf für mich, wie auch schon vorher in den Schuljahren mit Yildiz, so manche Gewissheiten erschüttert wurden.

Dank an Yildiz und Aytekin für ihr Vertrauen, ihre Offenheit, ihre Freundschaft.

Dank an Gune Weihe, die das gemeinsame Gespräch durch ihre Moderation ermöglicht und die Erzählteile mit Zwischentexten verbunden hat.

Dank an Hartmut von Hentig, der uns immer wieder in diesem Vorhaben bestärkt und sich dafür eingesetzt hat, das Buch einer größeren Öffentlichkeit zugänglich zu machen.

Dank an Monika Bilstein, die das Wagnis eingegangen ist, ein so ungewöhnliches Buch herauszubringen.

Bielefeld, Dezember 2005
Annemarie von der Groeben

Zur Entstehung dieses Buches

Die Geschichte, von der dieses Buch erzählt, spielt in einer mittelgroßen Stadt in Westdeutschland. Ihre Hauptpersonen sind die junge Türkin Yildiz und die Pädagogin Annemarie. Die beiden haben, als Yildiz erwachsen war, ihre gemeinsame Geschichte erzählt und aufgeschrieben. Yildiz war zu diesem Zeitpunkt längst verheiratet. Ihr Mann Aytekin ist die dritte Hauptperson.

Ich habe Yildiz und Aytekin durch Erzählungen später, kurz nach ihrer Hochzeit, auch persönlich kennen gelernt, diese Geschichte also gleichsam als Zuschauerin vom Rande aus miterlebt. Als der Plan zu diesem Buch entstand, habe ich die drei darin bestärkt und unterstützt. Hier begleite ich die Leserinnen und Leser bei der Lektüre durch kurze erklärende Texte zwischen den einzelnen Kapiteln.

Yildiz und Annemarie sind sich zum ersten Mal, in einer Schule begegnet, deren ausdrückliches Ziel es ist, nicht nur Interessen und Begabungen jedes einzelnen Kindes zu wecken und zu fördern, sondern vor allem auch im respektvollen und offenen (ganztägigen) schulischen Zusammenleben soziale Verantwortung zu leben, anstatt sie zu lehren. Annemarie war – wie man das in anderen Schulen nennen würde – fünf Jahre lang Yildiz' Klassenlehrerin.

Auf den folgenden Seiten erzählt sie, welche Erfahrungen sie mit diesem Kind gemacht, und vor allem, was sie von ihm gelernt hat.

Gune Weihe

In zwei Welten leben

Annemarie über Yildiz

Im Jahrgang fünf unserer Schule war ein Platz frei geworden. Der Lehrer, der damals mit mir zusammen diese Gruppe betreute, sagte mir eines Tages, ein neues Kind komme zu uns, Yildiz, ein türkisches Mädchen, sie habe sich ganz allein angemeldet. Die Geschichte machte damals bei uns die Runde, und alle reagierten so wie ich: mit ungläubigem Erstaunen. Wir wussten ja, wie viele Erwachsene schon an dem Hindernis gescheitert waren, das die Bürokratie allen anmeldewilligen Eltern auf der Schwelle zu dieser Schule in den Weg legte: einem aus vielen Seiten bestehenden Fragebogen. Wie sollte ein elfjähriges Kind, dessen Muttersprache nicht Deutsch war, damit fertig werden? Bis heute weiß ich nicht, wie sie das geschafft hat. Vermutlich hat sie die richtigen Leute gefragt, vielleicht jene Nachbarfamilie, von der sie erfahren hatte, an dieser Schule bemühe man sich besonders um Kinder, die Hilfe brauchten, zum Beispiel bei den Schularbeiten. Yildiz wusste, dass ihre Eltern dazu nicht in der Lage waren. Darum hatte sie beschlossen, das sei die richtige Schule für sie. Der Vater war dagegen. Die Mutter nicht, aber sie konnte bei der Anmeldung nicht helfen; damals hatte sie erst ein paar Brocken Deutsch gelernt und spricht bis heute mehr in Wörtern als in Sätzen.

Als Yildiz zum ersten Mal zu uns kam, hatte ich so etwas wie ein rabiates kleines Energiebündel erwartet und war angenehm überrascht über das sanfte, freundliche, strahlende Kind, das sich zutraulich und selbstverständlich unter die anderen mischte. Ich glaube, es ging allen so wie mir: Wir haben sie sofort ins Herz geschlossen. Dass sie auch unsanft sein und sich energisch wehren konnte, wenn ihr etwas nicht passte, haben die, die es darauf anlegten, schnell gemerkt; es trug ihr zur allgemeinen Sympathie auch deren besondere Achtung ein.

Als Lehrerin habe ich mich gefreut über das schöne, reine Deutsch, das Yildiz sprach, noch mehr über die Feinfühligkeit und Treffsicherheit, mit der sie sich ausdrückte. Was ihr sprachlich fehlte, wurde mir erst nach und nach bewusst. Es war nicht nur Übung im Schreiben, sondern etwas Grundsätzlicheres, tiefer Liegendes; es hat eine Weile gedauert, bis ich es mir erklären konnte. Sie sprach Türkisch und Deutsch gleichermaßen schnell und gut (wie sie sagte) und wechselte mühelos zwischen den beiden Sprachen hin und her, so wie man einen Wasserhahn auf- und zudreht und sich nach Belieben daraus bedient. Aber sie war, um im Bild zu bleiben, von den Reservoiren abgeschnitten, von dem Sprachschatz, der sich Kindern, die in ihre Kultur hineinwachsen, nach und nach erschließt, wenn auch in sehr unterschiedlicher Weise. Sie kannte keine Lieder und Geschichten, keine »Momo« oder »Aschenputtel«, keine Abzählreime, Sprüche und Gedichte. Ihr fehlten nicht nur diese sprachlich überlieferten Bilder und Figuren, die das Weltbild und das Denken einer Kulturgemeinschaft prägen, sondern eben auch die Wörter und Sätze, in denen sie in Erscheinung treten.

Zunächst nahm ich naiv an, Yildiz sei ebenso in der türkischen Sprachkultur zu Hause wie die deutschen Kinder in der unseren. Oft habe ich sie nach Geschichten gefragt und sie gebeten, mir beispielsweise ein türkisches Märchen zu erzählen. Sie antwortete meist ausweichend. Es war einfach so, dass sie keine oder fast keine Geschichten und Märchen kannte.

Damals habe ich angefangen zu verstehen, was es heißt, in zwei Kulturen zu leben und zu keiner richtig zu gehören. An ihr habe ich zum ersten Mal diese seltsame Spracharmut wahrgenommen, die so sehr mit dem Reichtum ihrer Gedanken und Empfindungen kontrastierte. Vermutlich brauchen Menschen, die in ein fremdes Land auswandern, ihre ganze Kraft dafür, sich dort einzurichten, sich anzupassen, ohne preiszugeben, was ihnen besonders wichtig ist: die Sprache und die Religion. In beiden war Yildiz zu Hause – und doch nicht »richtig«, so wie wenn sie im Land aufgewachsen wäre. Die Türkei war für sie Ausland, die türkische Kultur nur durch die Familie präsent. Die Eltern kamen spät von der Arbeit nach Hause, die Kinder kamen mittags aus der Schule und durften die Wohnung nicht verlassen. Viel Zeit für Gespräche gab es nicht. Die Religion spielte im Leben der Familie nur eine Nebenrolle. Den Kindern fehlte nicht nur der Kontakt zu anderen, sondern auch die größere Gemeinschaft, etwa des Dorfes, und alles, was ein solches »natürliches« Aufwachsen an Erfahrungen bereithält. Sie blieben stattdessen auf sich selbst und den Fernsehapparat angewiesen.

Als Yildiz zum ersten Mal mit ihren Eltern und Geschwistern die Sommerferien in der Türkei verbracht hatte, wirkte sie hinterher in der Schule bedrückt und traurig. Ich wusste erst nicht, woran es lag, weil ihre Geschichten eigentlich nur von freundlichen Menschen und fröhlichen Feiern handelten und davon, wie schön die Türkei sei. Irgendwann aber kam der Satz: »Ich kann gar nicht richtig Türkisch, ich habe manchmal gar nicht alles verstanden, was die gesagt haben.« Ich glaube, damals ist ihr das Leben zwischen den Kulturen zum ersten Mal schmerzlich bewusst geworden. Sie hatte erfahren, wie es ist, nicht wirklich dazuzugehören, von den Quellen abgeschnitten zu sein. Sie hatte gespürt, dass sie und ihre Familie für die Menschen dort Fremde waren. »Die haben uns so komisch angeguckt, als ob wir gar keine richtigen Türken wären«, sagte sie und erzählte auch von dem sonderbaren Namen, mit dem man die in Deutschland lebenden Türken bezeichnet. Dort sind sie »die Deutschländer«, so wie hier »die Türken«.

Als Kind konnte Yildiz vergnügt und unbefangen in diesen beiden Welten leben. Sie war, als sie zu uns kam, mit einem deutschen Jungen aus der Nachbarschaft befreundet. Hand in

Hand, wie Brüderchen und Schwesterchen im Märchen, wanderten die beiden Tag für Tag durch die Schule und durchs Leben, ich habe nie eine treuere Kinderfreundschaft gesehen. Sie konnte natürlich nicht andauern. Irgendwann war die Zeit der Märchenkinder vorbei, und die beiden mussten, jedes für sich, den schwierigen Weg des Erwachsenwerdens gehen. Yildiz führte er immer mehr hinein in das widersprüchliche Leben zwischen zwei Kulturen. In diesem Prozess war ich ihre Begleiterin; ich bin, so könnte man sagen, mit ihr in das Problem hineingewachsen.

Die Gruppe und die Schule waren für sie, wie für die meisten Kinder, eine zweite Heimat. Sie war nicht gerade das, was man eine Streberin nennt, aber als Schülerin auch nicht schlecht. Vor allem aber war sie unsere Yildiz, begabt mit einer Einfühlsamkeit und sozialen Klugheit, wie ich sie nur selten bei Menschen erlebt habe, schon gar nicht bei Heranwachsenden, die dazu neigen, sich selbst für den Mittelpunkt der Welt zu halten. Im Gegensatz zu den meisten Mitschülerinnen und Mitschülern war Yildiz bereits durch die harte Schule häuslicher Verantwortung und Arbeit gegangen und ihnen an Reife und Lebenserfahrung weit überlegen. Für die Gruppe war sie, besonders in schwierigen Situationen und Konflikten (die es oft gab), ein wahrer Segen. Sie konnte die Dinge auf den Punkt bringen, komplizierte Seelenlagen und Beweggründe verstehen, Verstockte zum Sprechen ermuntern, Geschwätz zurückweisen, Kampfhähne beschwichtigen, Lösungen anbieten, mit denen alle einverstanden sein konnten. So hat sie oft Streit geschlichtet; alle möglichen Leute erzählten ihr ihre Geschichten und vertrauten ihr ihre Geheimnisse an; die Mädchen liebten sie, die Jungen ebenfalls, wenn sie es auch weniger zeigten. Einmal sprachen wir über Namen und deren Bedeutung und erfuhren bei dieser Gelegenheit, dass »Yildiz« das türkische Wort für »Stern« ist. Das trug ihr einen zweiten Namen ein, der für die kommenden Jahre an ihr hängen blieb. Auch wenn die anderen sie damit necken wollten oder die Jungen ihre heranwachsende Männlichkeit mal wieder so richtig rabaukig herauskehren mussten, war es immer auch ein bisschen liebevoll, wenn sie sie so nannten: »Sternchen«.

Zu Hause war sie Yildiz, die gute, fügsame Tochter, im Gegensatz zu ihrer älteren Schwester, die sich trotzig und widerspenstig gegen jegliche Autorität auflehnte und später die Familie verließ, sobald sie ihr erstes Geld verdiente. Die Älteste war schon verheiratet, und Murat, der Jüngste, der ersehnte Sohn, wurde verhätschelt wie ein kleiner Prinz und, so schien mir, übermäßig verwöhnt. So blieb alles, was zu Hause zu tun war, an Yildiz hängen. Solange es ihren Eltern gut ging, war das nicht so schlimm. Aber dann wurde ihr Vater krank, konnte nicht mehr arbeiten und saß nur zu Hause, mehr und mehr verbittert und oft auch gereizt. Die Mutter musste nicht nur ihn, die Kinder und den Haushalt versorgen, sondern auch das Geld verdienen; weil es knapp war und noch Anschaffungen abbezahlt werden mussten, nahm sie zusätzlich bis zu drei Putzstellen für das Wochenende an, und das mit einem kaputten Rücken. Als es in der Schule auf den Abschluss zuging, hat Yildiz die Arbeit im Haushalt fast allein gemacht und außerdem ihrer Mutter jedes Wochenende geholfen. Natürlich hatte sie daneben keine Zeit zum Lernen – ganz zu schweigen davon, dass sie mitten in ihrer damals ganz hoffnungslos scheinenden Liebesgeschichte steckte. Aber ich will nicht vorgreifen.

All dies weiß ich natürlich von Yildiz. Tag für Tag erzählte sie – von sich, ihren Eltern und Geschwistern und anderen Menschen, die sie kannte. Oft habe ich sie und ihre Familie zu Hause besucht; darauf legte sie großen Wert. Der Vater kam nicht zu Elternabenden. Die Mutter tat es anfangs, aber sie verstand vieles nicht. Da war es besser, wenn wir in Ruhe miteinander sprechen konnten, mit Yildiz als Übersetzerin. Und so wie die Sätze ihrer Mutter hat sie mir auch alles andere »übersetzt«, was für mich fremd oder schwer verständlich war. Sie hat mir Gegenstände, Bilder und Filme aus der Türkei gezeigt und mir Geschichten dazu erzählt, in denen es immer um einzelne Menschen ging, ihre Schicksale und vor allem ihre Beziehungen zu anderen, die Yildiz besonders faszinierten. Über sie nachzudenken, sie zu verstehen, war ihre auffallende Begabung und ihr größtes Interesse.

Meist handelten ihre Geschichten von ganz normalen Menschen mit ganz normalen Problemen. Wie sie damit umgingen und welchen Maßstäben sie dabei folgten, das unterschied sich jedoch von unseren Gewohnheiten bisweilen ganz erheblich. Einmal erzählte sie von einem Mann, der sein Geld verspielt hatte und dem Alkohol verfallen war. Seine Familie führte das auf einen bösen Zauber zurück; nur damit konnte sie offenbar einen solchen Verstoß gegen Sitte und Tradition erklären. Diese Geschichte und ungezählte andere haben mir gezeigt, wie sehr das Leben türkischer Familien durch feste Ordnungen und Überlieferungen geprägt ist, die der Gemeinschaft und dem einzelnen Menschen Halt geben, es aber auch einengen können. So habe ich damals zum ersten Mal und mit Staunen von Yildiz erfahren, dass Ehen in der Türkei vielfach noch von Eltern geschlossen werden, wenn deren Kinder ganz klein sind. Es ist ein Freundschaftsvertrag zwischen den Familien, dessen Verletzung erbitterte Feindschaft, schlimmstenfalls gewaltsame Auseinandersetzungen bis hin zur Blutrache nach sich ziehen kann.

Meine Fragen – zum Beispiel nach der Rolle der Religion in ihrem Leben und dem ihrer Familie – waren für Yildiz manchmal schwer zu beantworten, sei es, dass sie falsch gestellt waren oder dass sie wiederum in jenes Kulturvakuum stießen. Als Yildiz zum ersten Mal fastete, habe ich den Ramadan sozusagen mit ihr erlebt; sie hat mir erzählt, wie sie, ihre Familie und andere in diesen Wochen lebten, wie schwer und wie schön das war, welche Bräuche und Geschichten es gibt. Wie ein Mosaikbild Stück für Stück aus einzelnen Steinen zusammengesetzt wird, so habe ich von ihr und aus ihren Geschichten allmählich gelernt, die Welt aus der Sicht eines in Deutschland heranwachsenden türkischen Mädchens zu sehen. Alles, was ich später zu diesem Thema gelesen habe, hat diesem Bild nichts wirklich

Neues hinzugefügt, sondern es nur ergänzt. Alles Wesentliche weiß ich von Yildiz.

Nie werde ich das erste türkische Fest meines Lebens vergessen, das ich natürlich Yildiz verdanke. Eigentlich wollte ich nicht so recht, als sie fragte, ob ich nicht zur Beschneidungsfeier ihres Bruders kommen möge. Es war eine doppelte Scheu: vor den vielen fremden Menschen und einem Fest, mit dem ich ja nichts zu tun hatte, vor allem aber vor seinem Anlass. Natürlich weiß man, dass mit diesem Ritus Jungen in die Gemeinschaft der Gläubigen aufgenommen werden, und ich entnahm Yildiz' Erzählungen, dass dieses Fest für sie und ihre Familie von solcher Bedeutung sein müsse wie für uns etwa Taufe und Konfirmation zusammen. Aber was die Vernunft einsieht, kann dem Gefühl trotzdem widerstreben. So ging es mir damals, wenn ich an Yildiz' kleinen Bruder dachte; die Prozedur, die ihm bevorstand, kam mir ebenso schrecklich vor wie das Wort.

Natürlich habe ich ihr von alledem nichts gesagt, um ihr nicht die Vorfreude auf das Fest zu verderben. Aber sie spürte mein Zögern und reagierte auf ihre Weise. Wieder einmal machte sie mich mit ihren Geschichten neugierig. Sie erzählte von den Vorbereitungen für das Fest und den Traditionen, die es bestimmten. Ein Himmelbett spielte dabei eine große Rolle, ich habe erst nicht so recht verstanden, was es damit auf sich hatte. Der Schleier, sagte Yildiz, sei etwas besonders Kostbares und werde manchmal über Generationen hinweg vererbt, so wie manchmal die Brautkleider bei uns. Es war ihr wichtig, mich an diesem Fest teilnehmen zu lassen. Ich möge doch eine Freundin mitbringen, sagte sie, oder einen Freund oder auch mehrere oder ganz viele, »damit du dich nicht allein fühlst«. Damit hatte sie mein Widerstreben besiegt; ich bat eine Freundin, mich zu begleiten, und so fuhren wir denn eines Abends zu dem ländlichen Gasthof hinaus, wo das Fest stattfinden sollte. Wir wurden begrüßt wie lang erwartete Ehrengäste: Yildiz' Eltern baten uns mit großer Höflichkeit und Herzlichkeit hinein, und die Töchter, liebenswürdig und schön anzusehen (diesmal zeigte die ältere Schwester sich von ihrer besten Seite), geleiteten uns zu unseren Plätzen. Unseren Augen bot sich ein so unerwartetes Bild, als wären wir plötzlich mitten aus dem Alltag heraus in einen exotischen Film hineingeraten. In einem riesigen Saal drängten sich Hunderte von Menschen, vorn war eine Kapelle platziert, deren Musik die vielfältigen Unterhaltungen übertönte, und auf einer Empore, weithin sichtbar, das Zentrum des Festes: Von der hohen Decke schwebte eine riesige Wolke aus Unmengen von durchsichtig-zartblauem Schleiertuch herab auf ein Bett, so als wolle sich der Himmel selbst auf das Kind darin herniedersenken, und so ist es ja wohl auch gemeint. Da lag er also, der kleine Prinz, bleich und würdig, angetan mit einem kostbaren Märchengewand. Die eigentliche Prozedur war am Morgen von einem muslimischen Arzt in dessen Praxis vorgenommen worden, der Kleine hatte sie, wie die Eltern jedem Neuankömmling stolz erzählten, tapfer über sich ergehen lassen. So lächelte er auch den vielen Gästen entgegen, die an sein Bett traten. Nur als er es einmal verlassen musste und mühsam-breitbeinig in Richtung Toilette trippelte, wirkte er wie ein armseliges kleines Kind. An seiner Seite saß die Großmutter, als Trösterin, als Chefin, wohl auch als Hüterin des Schatzes. Denn die Kissen, die Bettdecke und vor allem sein Anzug waren bedeckt oder besteckt mit Geldscheinen, die die Großmutter von Zeit zu Zeit vorsichtig bündelte und unter ein Kissen schob, um Platz für neue frei zu machen.

Die Gäste saßen in langen Bankreihen an schmalen Tischen familienweise beieinander. Viele hatten Kleinigkeiten zu essen mitgebracht, Nüsse und andere Knabbereien: ein fröhlich-buntes, musikalisch untermaltes Massenpicknick. Die Menschen waren offensichtlich darauf eingestellt, dass nicht viel angeboten wurde: ein Stück Kuchen und eine Limonade, das war alles. Eine Zeit lang warteten wir darauf, dass etwas passieren, dass es beispielsweise Festreden oder Darbietungen geben würde. Aber nichts dergleichen geschah. Stattdessen vollzog sich vor unseren staunenden Augen eine allmähliche Veränderung der

Menschen und ihrer Stimmung, der sich niemand entziehen konnte, auch wir nicht. Sie ging von der Musik aus. In meinen Ohren klingt die türkische Musik sehr fremd – irgendwie monoton, quäkig und ein bisschen schräg. An diesem Abend habe ich zum ersten Mal gesehen, wie sie auf die Menschen wirkt, und mir klar gemacht: das sind keine Melodien zum Mitsingen, sondern Rhythmen und Klänge, in deren Schwingungen eine ganze Menschenmenge in einen gemeinsamen Rauschzustand geraten kann. Fasziniert haben wir zugesehen, wie sich auch sehr alte Leute und sehr kleine Kinder auf der Tanzfläche im Rhythmus mitbewegten, wie selbst kleine Babys mit ihren Müttern in den Strudel eintauchten. Die Musiker verstanden es geschickt, ihre Wirkungen allmählich zu steigern, und das Klatschen, Stampfen, Singen, Tanzen wurde immer ausgelassener. Irgendwann haben wir beide uns unbemerkt davongemacht. Draußen blickten wir uns an, als seien wir gerade aus einem sonderbaren Traum erwacht und müssten uns in die Wange kneifen, um sicher zu sein, dass wir nicht weiterträumten.

Später hat Yildiz mir das mit dem Geld erklärt. Ich verstand, dass es sich um eine ebenso einfache wie einleuchtende Einrichtung handelt: Da keine Familie es sich leisten kann, ein solches Fest auszurichten, helfen die Gäste mit, die Kosten zu tragen. Dafür können sich alle Türken der näheren und weiteren Umgebung immer zu allen Festen treffen und erhalten so ihre Gemeinschaft. – Seitdem kommen mir diese Bilder oft in den Sinn, wenn ich wieder einmal sehe, wie türkische Frauen den Müll und Dreck unserer Wohlstandsgesellschaft beseitigen. Vielleicht, sage ich mir dann, werdet ihr am Wochenende zu einem Fest gehen und freut euch schon darauf. Der Gedanke hat etwas Tröstliches.

Dass das Aufwachsen in zwei so unterschiedlichen Kulturen viele, teilweise schmerzliche Reibungen mit sich bringt, versteht sich von selbst. Yildiz' Eltern stammten aus der liberalen Westtürkei. Es kam ihnen beispielsweise nie in den Sinn, ihrer Tochter die Teilnahme am Sportunterricht zu verbieten. Heute weiß ich, dass das alles andere als selbstverständlich ist, zumal wenn Mädchen und Jungen gemeinsam Sport treiben, wie an unserer Schule üblich. Aber vielleicht hat Yildiz solche »Einzelheiten« auch schlicht verschwiegen, um keine schlafenden Hunde zu wecken und sich und ihren Eltern die Folgen davon zu ersparen.

Wirklich schwierig war nur die Sache mit den Klassenfahrten. Für unsere Gruppe war es ein selbstverständliches Prinzip, dass alle mitfuhren oder alle dablieben. Mit diesem Argument konnte Yildiz ihre Eltern überreden, ihr die Teilnahme zu erlauben – so schien es zumindest. Aber dann wiederholte sich Jahr für Jahr der gleiche Vorgang: Im letzten Augenblick kam das väterliche Nein.

Der arme Mann! Jedes Mal folgte dem Verbot das gleiche Schauspiel: Die Lehrerin kam zu ihm ins Haus, und er musste den Streit mit ihr austragen. Dabei waren wir beide eigentlich friedliche Menschen und hatten zu solchen Auseinandersetzungen überhaupt keine Lust. Einmal bin ich laut und heftig geworden. Noch heute schäme ich mich, wenn ich daran denke; es muss ihn in seiner Würde sehr gekränkt haben. Er hatte ja Recht aus seiner Sicht: Heute verstehe ich besser als damals, welche Vorstellung von Erziehung dahinter steht, wenn ein türkischer Vater seiner Tochter die Teilnahme an solchen Reisen verbietet. Nach jenem Streit haben wir, um uns zu versöhnen, lange und sehr grundsätzlich über Erziehung geredet. Es war ein gutes Gespräch. Yildiz' Vater sagte sinngemäß: »Wenn ich durch die Fußgängerzone gehe, so sehe ich da deutsche Jugendliche sitzen: Sie trinken und rauchen, sie nehmen Drogen, stehlen oder werden auf andere Weise kriminell. Das sind die Folgen eurer Erziehung. Ich glaube euch, wenn ihr sagt, dass ihr das nicht wollt. Aber es ist so: jeder kann es sehen. Das will ich für meine Kinder nicht. Was ich will, ist dies.« Und dann nahm er ein Foto von seiner ältesten Tochter aus dem Regal, das sie als strahlende Braut im weißen Kleid zeigte. »So ist es gut«, sagte er, »so soll es auch für Yildiz sein.«

Meine Versuche, ihm die Prinzipien einer Pädagogik nahe zu bringen, die auf Selbstbestimmung und Mündigkeit des Individuums setzt, erwiesen sich als wenig erfolgreich. Das alles blieb ihm fremd. Hingegen verstand er gut, wenn ich sagte, Yildiz gehöre zu seiner Familie, und sie gehöre genauso zu unserer Schule und unserer Gruppe. Die sei selbst so etwas wie eine Familie; wir wollten nicht auf Yildiz verzichten, niemand habe Lust zu fahren, wenn sie nicht mitdürfe. Das war, zugegeben, ziemlich erpresserisch. Aber Yildiz' Vater hätte solchem Druck nicht nachgegeben. Die Mutter war es, die jedes Mal den Ausschlag gab. Sie führte keine Diskussionen, sondern vertraute ihrem Gefühl und hat mit dieser Sicherheit auch ihren Mann beruhigt. Sie hatte für sich entschieden, dieser Schule und dieser Lehrerin könne sie ihr Kind anvertrauen. Das hat sie mir jedes Mal beim Abschied eindringlich gesagt, mich für die Dauer der Reise förmlich zur »Ersatzmutter« ernannt, in dem Bewusstsein, dass ich mir der Verantwortung dieses Amtes ebenso bewusst sein werde wie sie.

So kam es, dass Yildiz dann doch immer wieder mitgefahren ist: zum Skifahren nach Österreich, ins Zeltlager am Steinhuder Meer, nach England und zum Abschluss im 10. Schuljahr noch einmal in jene Skihütte. Sie genoss dieses Glück in vollen Zügen. Ich sehe sie noch an einem strahlenden Sonnentag in einer Wahnsinnsschussfahrt die Piste hinunter- und mit einer Art Urschrei aus lauter Lebensfreude in eine aufstiebende Wolke von Tiefschnee hineinsausen. Minuten später arbeitete sich ein unförmiges Wesen daraus hervor, das ungefähr das Doppelte ihres Umfangs hatte und von den anderen mit jubelndem Beifall bei seinen Bemühungen, sich auf die Beine zu stellen, unterstützt wurde.

Oft habe ich mich gefragt, ob es einfach eine Folge glücklicher Zufälle war oder instinktive Klugheit von Yildiz, dass sie sich nie ernsthaft in einen Deutschen verliebt hat. Das hätte zu schweren Konflikten mit den Eltern geführt, die durchzustehen wohl über ihre Kräfte gegangen wäre. Unter den vielen jungen Türken, die sie kannte, gab es etliche, die sich sehr für sie interessierten. Sie mochte den einen oder anderen, aber mehr auch nicht. So kam es, dass es in ihrem Leben zwischen jener Kinderfreundschaft und der ganz großen Liebe nichts »Ernstes« gab, sieht man von der geschwisterlichen Freundschaft zu den Jungen unserer Gruppe ab. Dem deutschen Märchen-Kinderfreund folgte der türkische Märchenprinz.

Als Yildiz ihn mir vorstellte – das muss Anfang ihres neunten Schuljahrs gewesen sein –, waren die beiden glücklich-unglücklich heimlich verliebt. Er holte sie von der Schule ab. Auf den ersten Blick habe ich verstanden, als ich ihn und die beiden miteinander sah, was Yildiz schon vorher angedeutet hatte: Das war ihre große Liebe. Ein schöner, strahlender junger Mann, höflich und mit guten Umgangsformen, energisch und strebsam. Erst vor kurzem war er mit seinen Eltern aus der Türkei gekommen und sprach bereits ausgezeichnet Deutsch. Er war entschlossen, in diesem Lande sein Glück zu machen und dafür unermüdlich zu arbeiten. Ich mochte ihn vom ersten Augenblick an.

Was er mit noch so viel Anstrengung von sich aus nicht hätte erringen können, war das Glück mit Yildiz. Aytekin war verlobt, besser gesagt versprochen, so, wie sie es mir erklärt hatte. Seine Braut lebte in Berlin und war dort berufstätig. Die beiden kannten sich kaum, geschweige denn, dass sie einander liebten. Trotzdem gab es heftige Konflikte, als die Familie von seiner Beziehung zu Yildiz erfuhr. Sofort wurde ihm jeglicher Kontakt mit ihr verboten, und das blieb so für sehr lange Zeit. Die beiden konnten nicht wagen, diesem Verbot zuwiderzuhandeln.

Dieses Drama hat für Yildiz die letzten beiden Schuljahre stark überschattet. Niemand konnte damals ahnen, dass es später gut enden würde. Schließlich war es Aytekins Verlobte, die den Knoten durchschlug, indem sie von sich aus die Verbindung löste. Damit war der Vertrag zwischen den beiden Familien hinfällig geworden und der Weg für Yildiz und Aytekin frei. Damals aber, im 10. Schuljahr, als die beiden sich nicht mehr sehen durften und alles ganz hoffnungslos erschien, ist sie unter der doppelten Last dieses Kummers und der häuslichen Arbeit, die mehr und mehr auf ihren Schultern ruhte, fast zusammengebrochen. Kein Wunder, dass die Schule da zu kurz kam. Ich machte mir große Sorgen um Yildiz' Schulkarriere. Eindringlich habe ich ihr gesagt: Es ist ernst, es geht um deinen Abschluss, du musst mehr für die Schule tun. Ich glaube, das war jedes Mal schrecklich für sie, denn was ich ihr sagte, wusste sie selbst am allerbesten. Sie wollte ja einen guten Abschluss machen, sich selbst, ihre Eltern und auch mich nicht enttäuschen. Aber wenn sie dann am Montagmorgen blass, müde und kaputt in unserem Kreis saß, während die anderen vergnügt von ihren Wochenenderlebnissen berichteten, wusste ich, dass das alles einfach über ihre Kräfte ging und dass kein Zureden dagegen half. Hinzu kam der unglückliche Umstand, dass die Englischlehrerin und der Mathematiklehrer am Ende des neunten Schuljahrs aus unterschiedlichen Gründen die Schule verließen, so dass im letzten Jahr vor dem Abschluss in diesen beiden Hauptfächern ein Lehrerwechsel stattfand. Die beiden für sie eingesetzten Lehrer, jung, fachlich kompetent und sympathisch, hatten es wie alle Neuen schwer, sich in diese Schule einzudenken und einzuleben. Ich werfe mir vor, ihnen nicht gleich zu Beginn des 10. Schuljahrs eindringlich gesagt zu haben, dass und warum sie Yildiz als einen besonderen Schützling anzusehen hätten. Das gemeinsame Nachdenken über mögliche Hilfen in diesen Fächern hätte vielleicht etwas gebracht. So aber habe ich das sich anbahnende Unglück einfach zu spät bemerkt. Sie stellten – mit Recht! – »Mängel« fest und bescheinigten sie Yildiz mit der entsprechenden Note. Bis heute empfinde ich es als eine schwere Niederlage – nicht nur für Yildiz, sondern auch für mich und für unsere Schule –, dass wir diese Schülerin mit einem Zeugnis entlassen haben, das für ihren weiteren Lebensweg keine Hilfe, sondern nur ein Hindernis sein konnte – noch dazu mit meiner Unterschrift.

Eine weitere Niederlage hat sie danach hinnehmen müssen

und ich mit ihr, denn in der Frage ihrer Berufsausbildung hatte ich mich sehr eingesetzt. Es war alles genau geplant. Sie wollte den Fachoberschulabschluss schaffen und dann Krankenpflege lernen. Spätestens seit dem neunten Schuljahr stand das fest. Ich sehe Yildiz noch im weißen Kittel als Praktikantin in »ihrer« Station im Krankenhaus – stolz und glücklich, weil die Kranken ihr auf vielfältige Weise zeigten, dass sie sie mochten, ja, auf sie warteten. Seitdem war sie sicher, für diesen Beruf bestimmt zu sein: Sie wollte, wie sie immer sagte, »Krankenschwesterin« werden. Das Wort war einer ihrer seltenen sprachlichen Fehler und zugleich so richtig: Es bezeichnet ihre Vorstellung einer idealen Verbindung von Berufstätigkeit und Weiblichkeit.– Aber es kam alles ganz anders. Gleich nach der Schule ist Yildiz in der Fabrik ihrer Mutter eingestellt worden und hat zwei Jahre im Akkord gearbeitet. Es musste einfach Geld her. Als sich dann später ihre Lebensverhältnisse endlich geklärt hatten, hat sie nach ihrer Heirat die einjährige Ausbildung zur Krankenpflegehelferin begonnen. Nur wenige Wochen fehlten noch bis zum Abschluss, da kam eine schwere Komplikation während ihrer ersten Schwangerschaft dazwischen. Sie musste die Ausbildung abbrechen.

Das Weitere ist schnell erzählt. Yildiz' Hochzeit mit Aytekin war ein riesiges, prächtiges Fest für ein strahlendes Paar. Seitdem sind viele Jahre vergangen. Aytekin hat sich zu einer gut bezahlten Stellung hochgearbeitet. Die beiden haben zwei prächtige Söhne und auch sonst alles, was man sich wünschen kann: gesicherte Lebensverhältnisse, eine schöne Wohnung, viele Bekannte, Verwandte und Freunde. Aber Yildiz fehlt zum guten Leben eine wesentliche Voraussetzung: die innere Übereinstimmung mit dessen Ordnung. Sie hat ihren schlechten Schulabschluss und die fehlende Berufsausbildung nicht verwunden und jahrelang unter dem Gefühl gelitten, an das Haus und die Kinder gefesselt zu sein. Jetzt, da die Kinder größer sind, hat sie ihre frühere Arbeit in einem multikulturellen Kindergarten wieder aufgenommen und ist stolz darauf, dort eine feste Stelle zu haben. Bei ihrer Familie und der ihres Mannes findet sie dafür wenig Verständnis. Man fragt, wozu sie das denn wolle, es fehle ihr doch an nichts. Man sagt auch, sie sei gar keine richtige türkische Frau, sondern wolle wie eine Deutsche sein. Yildiz wird den Widerspruch zwischen den beiden Kulturen, in denen sie zu Hause ist, nicht los. Ihr Lebensglück hat einen Sprung.

Der Zweifel daran, ob und wie wir – bei aller Toleranz und allem guten Willen – in unseren Schulen den türkischen Kindern und insbesondere den Mädchen unter ihnen gerecht werden können, hat mich in all den Jahren mit Yildiz und seither begleitet.

Gune Weihe:

Diese Geschichte hat mich angerührt, neugierig gemacht, und sie ging mir nicht wieder aus dem Kopf. Ich wollte mehr von Yildiz erfahren. Was hatte sie umgekehrt von Annemarie zu erzählen, vom Zusammenleben in der Schule? Wie lebte sie heute?

Annemarie hatte Yildiz die ersten Seiten dieses Textes, den sie als Beitrag zu einer Sammlung von Schulgeschichten geschrieben hatte, geschickt und sie um »Freigabe« zur Veröffentlichung gebeten. Yildiz schrieb ihr folgenden Brief.

Liebe Annemarie

Ich habe Dein ersten 10. Seiten gelesen und sie haben mich sehr gerührt. Im tiefsten inneren kamen wieder gefühle auf und ich mußte mich richtig festhalten damit ich nicht losweine.
Mir ist aufgefallen das Du wirklich ein wichtiger teil meines kindlichen Erziehung warst. Es gab Dinge die ich aussprechen ~~mußte~~ und verarbeiten mußte, Du hast mir immer versucht einen guten Rat zu geben, ob es mir gefiel oder nicht ich versuchte ihn zu folgen denn ich wußte er war richtig.
Zu den Zensuren, damals war das schon berechtigt, doch er lag wie ein Stock quer in meinen Magen.
Ich habe mich sehr an der schule festgehalten, und als ich sie verlies bin ich sehr auf meinen Elterliches haus eingegangen.
Ich merke jetzt das ich weiter hin Deinen guten Rat und Hilfe gebraucht habe. Nach der Schule das erste Jahr habe ich es sehr schwer gehabt.
Denn bei Annemarie und in der schule konnte ich sprechen und mich verhalten wie ich war.

Frei wie ein Vogel

Das mußte ich Dir schreiben nach dem ich es gelesen habe. Es ist zwar kurz und nicht ausführlich, aber die ersten gedanken die raus mußten.

Bis bald

»Frei wie ein Vogel« – kürzer, überzeugender und liebevoller könnte niemand beschreiben, was Pädagogik leisten kann.

Yildiz wollte ihren Teil und ihre Sicht der Geschichte dem Text ihrer Lehrerin hinzufügen; jedoch nicht in schriftlich-reflektierender Form, wie diese es getan hatte. Sie wolle lieber erzählen, sagte sie Annemarie.

Also verabredeten wir uns für ein Wochenende zu viert – Yildiz, ihr Mann Aytekin, Annemarie und ich. Wir haben zwei Tage lang miteinander gesprochen und die Gespräche aufgezeichnet.

Yildiz und Aytekin haben mit großer Offenheit unsere Fragen beantwortet – selbst sehr private. Deshalb – und weil beide nicht bestaunt oder beschädigt werden sollen, wie es erfahrungsgemäß häufig Menschen passiert, die gewollt oder ungewollt Objekt des sogenannten öffentlichen Interesses werden –, wurden die Namen geändert.

Ich hätte von mir aus keine Fragen an Aytekin gehabt. Annemarie allerdings war sicher, dass es dem Zusammenleben der beiden schädlich wäre, wenn wir Aytekin nicht mit einbezögen. Und sie war ebenso überzeugt davon, dass die Geschichte von Aytekin zur Geschichte von Yildiz und damit zur Geschichte von Yildiz und Annemarie gehört. Im Nachhinein weiß ich: Sie hatte in beiden Punkten recht.

Und: Aus keinem Buch, keiner Zeitung, keinem Film und keinem Gespräch hatte ich auch nur annähernd so viel über das Leben in der Türkei oder das Leben von Türken in Deutschland erfahren wie an diesem Wochenende von Aytekin.

Aytekin ist aufgewachsen in Anatolien, im Südosten der Türkei. Mit dreizehn Jahren kam er nach Deutschland zu seinen Eltern, die schon vorher hier lebten und arbeiteten. Aytekin hat in Deutschland die Schule beendet und eine Berufsausbil-

dung gemacht. Intelligent und zielbewusst hat er sich inzwischen eine erfolgreiche Existenz aufgebaut. Seit langem sind Yildiz und er verheiratet. Sie haben zwei Söhne.

Wir dokumentieren das Gespräch mit ihm in leicht gekürzter Form; nur in wenigen Passagen, wenn seine Formulierungen missverständlich waren, haben wir es etwas »geglättet«.

»Ich bin kein Mensch, der gern andere Wege geht«

Aytekin im Gespräch mit Annemarie

Wie hast du Yildiz kennen gelernt? Ich hab in der Schule, in der 8., 9., 10. Klasse, eine andere Freundin gehabt, und wir haben uns getrennt. Sie hatte sich im Urlaub verlobt, und als sie wiederkam, im 10. Schuljahr, waren wir wieder zusammen in unserer Klasse, aber jetzt war sie verlobt. Ich hatte dann überhaupt keine Lust mehr, mit irgendjemand Freundschaft zu schließen. Aber in der Zeit habe ich viel Fußball gespielt und war bei der Folklore. Ich habe mich so hingegeben, ich war ganz ruhig, habe nicht so einen Drang gehabt – ein Mädchen oder so was.

Irgendwann kam mal mein Cousin zu mir mit meinem Bruder, der hatte auch eine Freundin bei der Folklore, und Yildiz war die Freundin von der Freundin meines Bruders. Die haben sich öfters getroffen, Yildiz und ihre Freundin, und die hatte wohl von mir erzählt. Ja, ich weiß nicht, was da so alles im Gespräch war, sie hätte wohl Lust gehabt, mich kennen zu lernen. Und mein Bruder hat gesagt, ich sollte mal bei der Freundin anrufen von Yildiz und vielleicht mal einen Termin machen, dass wir uns mal sehen. Ich war hin- und hergerissen, ich wusste nicht, ob ich das machen sollte oder nicht. Dann hab ich gesagt, ja gut, mach ich einfach. Da haben wir uns dann getroffen im Park und uns kennen gelernt. Yildiz hatte mich wohl schon ein paarmal gesehen, bei Hochzeiten und Feten. Aber ich konnte mich nicht daran erinnern, dass ich sie gesehen hatte.

Nach einiger Zeit kam Yildiz dann auch zur Folkloregruppe, dann hatten wir besseren Kontakt zueinander. Vorher war das schwierig, sich in der Freizeit zu treffen. Bei der Folklore war das viel einfacher, weil die Eltern weniger dagegen hatten.

War es Liebe auf den ersten Blick? Ich kann mir nicht vorstellen, dass es Liebe auf den ersten Blick war, aber ich denke, sie hat mich schon mehr oder weniger interessant gefunden und hat gesagt, den möchte ich doch kennen lernen. Die Liebe ist erst viel später, also was heißt viel später – nach ein oder zwei Monaten gekommen, als sie mich ein bisschen näher kennen gelernt hatte, denke ich. Ich hatte dann auch eine ganz andere Beziehung zu Yildiz, meine Liebe wurde immer stärker, am Anfang konnte ich von keiner Liebe sprechen. Es war ja schwierig für mich, auf einmal, auf einen Hieb mich wieder zu verlieben, aber das hat sich dann eben von Tag zu Tag gesteigert. Bei Yildiz ging es viel schneller, kann ich mir vorstellen. Sie war damals sechzehn Jahre, und es war ihre erste Freundschaft mit einem Türken, der Interesse an ihr hatte, und das hat sie wahrscheinlich noch mehr dazu gezogen, sich zu verlieben. Aber, wie gesagt, mein Interesse war auch, dass ich wirklich eine langjährige Beziehung aufbauen wollte. Mir war natürlich auch ganz bewusst, dass uns eine Schwierigkeit erwartet. Yildiz kommt aus einem anderen Bereich der Türkei als ich, und die Interessen liegen ganz anders von Elternseite her.

Du hast vorhin gesagt, ihr konntet euch nur in der Folkloregruppe sehen, sonst wäre das schwierig gewesen. Warum war das nicht möglich, sich einfach zu verabreden, zum Beispiel ins Kino zu gehen? Das wäre nicht gegangen. Das musste man versteckt machen. Bei uns ist es ja so, da spielt Ehre eine Rolle von den Eltern her oder auch von den Verwandten her, und wenn so etwas sich rumspricht, fühlt man sich in der Ehre verletzt.

Warum ist die Ehre verletzt, wenn man ins Kino geht? Das verstehe ich nicht. Das ist sehr einfach. Dann sagt man: Da ist eine Freundschaft zwischen den beiden. Es kann ja sein, dass das Mädchen irgendwann jemand anderen heiratet und dass später natürlich die Schwierigkeit für sie besteht, dass sie in der Ehe ihre Probleme hat, wenn der Ehemann das dann mitkriegt, dass sie mit anderen zusammen war und enge Freundschaft hatte. Es ist für ein Mädchen schwierig, sich in ihrem Leben dann zurechtzufinden.

Verstehe ich das richtig: Wenn man sich also verabredet, wenn man miteinander ins Kino geht oder Eis essen geht, dann ist das schon fast so was wie verlobt sein. Ist das richtig? Genauso ist das. In der Verlobungszeit kann man das machen, sonst nicht.

Du hast dich dann mit einem anderen Mädchen verlobt. Wie kam es dazu? Ich habe gern getanzt und ich konnte auch sehr gut tanzen. Bei jeder Hochzeit war es schon Gewohnheit, also ganz normal, dass die uns tanzen sehen wollten, die Leute, mich und meinen Bruder und meinen Cousin. Wie haben zusammen getanzt, diese kaukasischen Tänze, und die wirkten auf die Leute wie eine Vorstellung. Ich kann mir schon vorstellen, dass das eine oder andere Mädchen dann Interesse an mir hatte. Dieses Mädchen war aus meinem Dorf, sie wohnte in Berlin mit ihrer Familie. Und bei uns in der Folkloregruppe war ein Kollege, ein Freund, der den gleichen Namen hatte wie ich, Aytekin. Der war verlobt mit einem Mädchen aus Berlin. Und ihre Freundin war das Mädchen aus meinem Dorf. Sie hat mich da gesehen, dann hat sie den Kontakt gesucht zu mir. Dann gab es eine Brieffreundschaft. Und innerhalb von kurzer Zeit hat sich das so drastisch entwickelt. Wahrscheinlich hat sie ihrem Vater die Briefe gezeigt. Und auf einmal ist dieses Thema ins Gespräch gekommen in unserem Bekanntenkreis und Verwandtenkreis. Der Vater hat gesagt: Es geht nicht an, dass also der Sohn von ... eine Freundschaft hat mit meiner Tochter, das ist eine Ehrverletzung, so ungefähr.

War dir das bewusst, wolltest du, dass aus dieser Brieffreundschaft eine Verlobung wird? Nein, das war mir nicht bewusst. Ich konnte so weit nicht voraussehen, dass dann auf mich so was zukommen würde. Die Voraussetzungen hier in Deutschland sind ganz anders als in der Türkei. Man heiratet in der Türkei manchmal, ohne sich zu kennen oder nur von ganz weit und von Erzählungen. Und nun kam diese Elternrolle ins Spiel, wegen der Ehre. Es kann nicht angehen, dass ein Junge von der und der Familie mit meiner Tochter oder mit unserer Schwester oder auch mit unserer Cousine, ich rede von der ganzen Verwandtschaft von der Mädchenseite, so eine Freundschaft hat, ohne Verlobung oder auch Billigung der Eltern. Dadurch kam es zustande, dass in unserer Familie ein Gespräch stattgefunden hat ohne meine Zustimmung und ohne mich zu fragen. Diese Sache müsste bereinigt werden, so in der Art. Und die Lösung wäre dann eben die Verlobung oder Eheschließung.

Du warst aber in der Zeit schon mit Yildiz zusammen? Ja, mit Yildiz war ich schon ein Jahr zusammen. Diese Brieffreundschaft kam ja innerhalb von zwei, drei Monaten zustande und ohne diese Hinterabsicht, dass ich mir eine andere Lebensfreundin anschaffen wollte, sondern eher durch das Interesse, so was mal auszuprobieren, so eine Brieffreundschaft.

Und ihr hattet keinen Konflikt damit? Für dich war Yildiz die Liebe, das andere war die interessante Brieffreundschaft? Genauso war das. Ich hab ja nicht drauf geachtet, dass es dann doch gefährlich ist für einen Jungen, so was zu machen, aber auch für ein Mädchen. Und als die Familie noch ins Spiel reinkam, da hatte ich überhaupt keine ... sagen wir, ich hatte nichts zu sagen.

Du hast also von deinen Eltern gehört: Die andere Familie war da, und wir haben ein Gespräch geführt, und jetzt musst du das Mädchen heiraten. Oder wie war das? Ja, das war so. Und dann sind meine Eltern nach Berlin gefahren und haben um Erlaubnis gebeten, dass wir heiraten. Die Familie war damit einverstanden. Und das ging auf einmal ruck, zuck, innerhalb von kurzer Zeit war die Verlobung schon arrangiert. Da musste ich natürlich ..., da blieb mir nichts anderes übrig. Ich war ein Typ, der sich nicht gegen seine Eltern gestellt hat. Man hat es so gelernt, oder man ist so erzogen worden, dass man gegen Eltern und gegen die Älteren eher zurückhaltend und ruhig ist und nichts sagt.

Wussten deine Eltern damals schon etwas von Yildiz, wussten die das von deiner Freundschaft, wussten sie, wie es in dir aussah? Nein, aber mein Bruder und meine Schwester. Es war wirklich schwierig, in kurzer Zeit alles auf die Reihe zu kriegen, wie das eigentlich richtig ist, was man machen sollte, was man nicht machen sollte. Das war schwierig, einfach so einen Kreis zu bilden und darüber zu sprechen. Da fehlte auch viel Erfahrung, einfach, weil ein siebzehnjähriger keine Erfahrung darin hat und weil man nicht weiß, wie man mit den anderen Menschen über die Sache sprechen kann. Ich möchte mich jetzt nicht rausreden, aber es war einfach so, mir waren die Hände gebunden, ich wusste nicht, was ich machen sollte. Denn ich wollte mich nicht gegen meine Eltern aufstemmen, ich wollte nicht meinen Bekanntenkreis irgendwie in einen schlechten Ruf bringen. Mein Vater ist wirklich angesehen von allen Seiten, ein Mensch, der auch geliebt wird und ein ganz ehrenvoller Mensch ist für mich, und er hat nie bis heute jemandem etwas zu Leide getan und er hat auch einen sehr guten Ruf. Das wollte ich einfach nicht irgendwie verletzen und stören. Das blieb alles versteckt, was in mir vorging oder meine Liebe betrifft oder auch, was meine Person betrifft. Das war da eben nebensächlich. Die standen einfach im Vordergrund, und die haben sich darüber auch Gedanken gemacht. Also, die Familie kennen wir, sie ist aus unserem Dorf, und eine Heirat von uns könnte man akzeptieren. Deswegen hatten sie nichts dagegen, und es sollte so sein.

Danach hast du das Yildiz erklären müssen? Das war natürlich sehr schwierig für mich, und ich bin einfach zu Yildiz gegangen. Ich hab gesagt: Yildiz, die Sache sieht so und so aus, ich habe überhaupt keinen Kontakt zu dem Mädchen außer dieser Brieffreundschaft. Aber ich muss mich mit ihr verloben, es ist so gekommen, weil eben die Familie dazwischen ist. Und ich kann sehr schlecht gegen meine Eltern angehen. Sie hat nichts dazu gesagt eigentlich, sie war schockiert, denke ich. Das war für mich auch schwierig. Wir haben uns wirklich geliebt. Und Yildiz hatte ja schon einige Vorstellungen und Lebensziele, was sie machen würde in Zukunft. Das war natürlich für sie viel schwieriger als für mich, das hat sie viel härter getroffen, denke ich. Sie ist wahrscheinlich aus Liebe zu mir viel zurückhaltender gewesen, hat sich gar nicht, sagen wir mal, dramatisch dazu geäußert. Sie hat sich zurückgezogen und das akzeptiert. Ich weiß nicht, warum, kann es mir schlecht erklären. Sie hätte es ruhig sagen können, dass ich sie betrogen habe, so in der Art, dass sie total verärgert ist, das ist alles erst viel später gekommen.

Hast du dir selbst Vorwürfe Yildiz' wegen gemacht? Ja, natürlich. Ich hab ein ganz schlechtes Gewissen gehabt. Danach ging's mir auch schlecht, ging's mir wirklich schlecht. Ich hab mir viele Gedanken gemacht, wie das laufen soll. Ich werde jemanden heiraten, den ich gar nicht liebe, und wie das werden soll, weiß ich gar nicht. Ich hatte überhaupt keine eigene Vorstellung mehr, irgendwann war Stopp bei mir. Und gegenüber Yildiz hatte ich wirklich ein sehr schlechtes Gewissen, aber es war für mich erleichternd, dass sie es mir nicht schwerer gemacht hat.

Später wurde deine Verlobung gelöst. Wie kam das? Die Verlobung hat ganz offiziell in Berlin stattgefunden mit einem Fest. An die 200 Leute waren da. Danach hatte ich erst die Möglichkeit sie kennen zu lernen. Ich bin eingeladen worden für ein Wochenende zu der Familie, aber ich habe Sachen erlebt da, über die ich einfach schockiert war. Das Familienleben war total chaotisch. Vater zu Mutter und Tochter zu Eltern, die Verhältnisse waren total gestört für mich. Die hatten überhaupt kein richtiges Zusammenleben, und die Tochter versuchte, eigene Wege zu gehen. Und der Vater war davon besessen, eine Machtrolle zu spielen. Und wir hatten überhaupt keine Möglichkeit, zusammenzusitzen zu einem Gedankenaustausch. Ich hatte das Gefühl, dass sie nicht mal Interesse daran hatte, und sie hat auch wahrscheinlich gemerkt, dass sie einen Fehler gemacht hatte. Dass das so nicht geht. Ich hab einfach das Gefühl gehabt, dass es nicht gut gehen wird zwischen uns. Und das habe ich auch gleich zu Hause mitgeteilt bei meinen Eltern, aber die wollten es nicht wahrhaben. Sie haben gesagt, das wird schon alles besser. Wir sollten nur Geduld haben und abwarten und ruhig bleiben. Aber ich hab dann eine Nachricht zu Yildiz geschickt über meinen Cousin. Sie hatte bei Horten eine Putzstelle und mein Cousin ja auch. Ich habe ein sehr gutes Verhältnis zu meinem Cousin gehabt. Mein Bruder und mein Cousin, wir waren immer zusammen, haben unsere Sorgen immer gern geteilt. Ich hab meinem Cousin das alles erzählt und gesagt: Ich hab ein Gefühl, dass es da nicht gut gehen wird, und ich würde gern wieder mit Yildiz Kontakt aufnehmen. Er hat das dann Yildiz übermittelt. Wir haben uns heimlich getroffen, und ich hab jede Einzelheit dann Yildiz erzählt, was in der Familie oder in dieser Geschichte los ist. Das hat sie alles von A bis Z mitgekriegt.

Und mit deiner damaligen Verlobten hast du niemals ganz ernsthaft geredet? Habt ihr nie zusammen überlegt, wie denn alles werden soll? Nein. Ich habe ein paarmal versucht, einen Brief zu schreiben, aber das klappte auch nicht so richtig. In Briefen solche Sachen, ernsthafte Sachen, schreiben und erzählen, das ist viel schwieriger, als wenn man sich so gegenübersteht und sie in meine Augen gucken kann und dann sagen kann, was wirklich Sache ist. Man wird auch reifer in der Hinsicht. Da waren aber auch andere Hintergründe, warum das Mädchen ganz anders war. Wir kommen aus Ostanatolien, das ist so eine Region, wo, sagen wir mal, Männer die Herrscher sind und viel zu sagen haben und die Töchter eher, sagen wir mal, für Haushalt gedacht sind als Frauen oder Mütter. Die konnte aber viel mehr das machen, was sie wollte. Sie hat auch ein sehr gutes Verhältnis zu ihrem Vater gehabt eigentlich. Wie Freunde waren die, hab ich das Gefühl gehabt.

Aber das ist doch ein Widerspruch. Du sagst, sie war viel freier als andere Mädchen. Und der Vater war machtbesessen. Das passt doch nicht zusammen. Er hat versucht, soviel ich verstanden habe, das Mädchen wie einen Jungen zu erziehen. Und deswegen ist sie auch ganz anders gewesen.

Was hat sie denn zum Beispiel gemacht, was andere Mädchen nicht machen? Sie konnte sich aussuchen, welche Freunde sie haben oder wohin sie gehen wollte. Sie hat einfach gesagt, sie muss da und da hin, und dann ging sie, auch in der Zeit, wo ich da zu Besuch war.

Die Auflösung der Verlobung kam eigentlich so zustande, dass das Mädchen sich immer wieder am Telefon dazu geäußert hat, dass sie nicht mehr wollte. Da gab's viel Unruhe zwischen unserer Familie und ihrer und viele Diskussionen, und irgendwann hatte ich mich auch dazu entschlossen, die Sache selbst in die Hand zu nehmen und dann die Initiative zu ergreifen und zu sagen, dass es nicht so weitergeht und dass ich sie so nicht heiraten kann.

Hast du das deinen Eltern gesagt oder ihr? Das hab ich mit meinen Geschwistern besprochen, mit meinem Bruder und Cousin und Schwager, und die haben das meinen Eltern übermittelt. Wir hatten, wie gesagt, immer das Problem, direkt mit den Eltern über solche Probleme zu sprechen. Deswegen hat man immer Zwischenpersonen gesucht, die dann dieses Problem übertragen konnten. Dann haben wir uns entschlossen, die Sache ernst zu nehmen und rüberzufahren und diese Problematik zu besprechen. Meine Eltern haben mitgekriegt, was los ist, warum das alles nicht so läuft, wie sie sich gedacht hatten. Ich hab versucht, meinen Eltern zu erklären, dass das nicht so gut läuft bei ihrer Familie und dass sie eine ganz andere Person ist, die die eigene Meinung vertritt in der Familie und dass es deswegen auch sehr schwierig ist für mich, mich mit ihr zu verständigen. Und das Problem war auch, dass wir keine Möglichkeit hatten, uns kennen zu lernen, um sagen zu können, ja, ich bin der Mensch und du bist der Mensch und wir können uns gut verstehen oder wir können uns nicht gut verstehen.

Wer ist alles gefahren? Meine Eltern, ich, mein Schwager und mein älterer Bruder, wir sind dann mit einem Bulli losgefahren nach Berlin zu Verwandten, zu denen wir ein gutes Verhältnis haben und bei denen wir auch immer übernachten, wenn wir in Berlin sind. Ich bin dageblieben bei den Verwandten, und die sind mit meinen Eltern zu der Familie gegangen, also zu meiner Verlobten, und haben sich dann über die Sache ausgesprochen und diskutiert. Und sie haben sich dann irgendwann doch wieder entschlossen, dass wir weitermachen, weil das Mädchen sagte: Okay, ich probier's weiter.

Ist das Mädchen vorher gefragt worden nach ihrer Meinung? Ja, die haben da diskutiert, wahrscheinlich Frauen untereinander und Männer in einem anderen Raum. Die wollten sich so gut wie möglich aus der Sache sauber rausziehen und haben ohne unsere Meinung einfach die Sache versucht zu verdecken und über die Bühne zu bringen. Dann kam der Bekannte und holte mich ab und hat mir unterwegs gesagt, ich sollte mich ganz ruhig verhalten und am besten nichts sagen und die Sache wäre wieder in Ordnung, sie wäre damit einverstanden, dass es so weitergeht, dass wir uns dann heiraten. Das hat mich natürlich sehr aufgeregt nach dieser ganzen Unruhe, und da hab ich mir vorgenommen, dass ich doch meine Meinung sagen werde. Und als ich da ankam, habe ich versucht, vor allen – da waren Männer und Frauen alle in einem Raum – die Sache einfach auf den Tisch zu legen, zu erklären, was zwischen uns nicht gut geht. Es war natürlich für mich sehr schwierig, die richtigen Worte zu finden. Das ist auch schwierig für die Eltern von Mädchenseite oder ihre Brüder und Schwestern. Und ich hab gesagt, zwischen uns läuft gar nichts, und wir können uns überhaupt gar nicht verstehen, und das alles hat keine Zukunft, was die Ehe betrifft. Ja, und da sagten die Brüder von ihr, dass ihre Schwester keine Hure wäre und kein Spielzeug und dass ich mich nicht einfach mich mit ihr verloben und dann die Sache wieder hinschmeißen kann. Ich hab versucht, alles, was ich machen kann, was in meiner Macht steht, das vernünftig auf die Reihe zu bringen, damit man nicht sagen kann, die Familie ist von dem Jungen reingelegt worden oder dass ich sie beschmutzt habe. Ich hab sie ja nicht mal angefasst. Natürlich habe ich versucht, so gut wie möglich die Ehre meiner Eltern rein zu halten. Ich habe gesagt: Was bringt uns das, wenn das in Zukunft wirklich nicht läuft, dann haben wir alle einen Schaden davongetragen.

Das waren deine Worte? Ja, das waren meine Worte. Und wie gesagt, der Bruder war total aufgeregt und wollte einen Aufstand machen, so drohungsmäßig ... Als wenn das meine Schuld wäre. Dann haben die Eltern ihn ein bisschen beruhigt und haben versucht, sachlich zu diskutieren. Dann hat mein Vater gesagt – also mein Vater, sag ich immer wieder, ist Gold für mich, er hat wahrscheinlich mehr oder weniger durchgeblickt, was mich bedrückt hat –, mein Vater hat endlich gesagt, er möchte den Kern der Sache wissen, was da los ist. Es kann nicht so angehen, dass da einfach so viel Unruhe ist. Es war für ihn auch keine Lösung, dass Frauen unter sich und Männer in einem anderen Raum wahrscheinlich auch über andere Themen gesprochen haben. Das wollte er nicht so hinnehmen, und er hat gesagt, er möchte gern die ganzen Gründe wissen. Deswegen haben die dann gesagt, ja gut, dann sollten wir doch erst mal zusammen reden, was Sache ist. Dann haben die mich zu ihr geschickt, also in einen anderen Raum, und dann haben wir darüber gesprochen, was los ist, und wir haben über alles geredet, was in unserem Verhältnis schief läuft. Und dann brach sie zusammen und kam mit einem Thema, über das ich nicht gerne spreche, sie sagte dann auf einmal, dass sie keine Jungfrau mehr ist und deswegen eigentlich nicht heiraten kann und heiraten möchte.

Aber sie wollte dich doch heiraten. Hast du dich da betrogen gefühlt in diesem Moment? Das hab ich nicht so gefühlt. Ich wusste nicht, wie ich dazu stehen sollte. Ob ich glauben sollte oder nicht, was sie da gesagt hatte. Ob das nur erfunden war, damit sie eher mit der Sache Schluss machen konnte. Aber andererseits kann ich mir vorstellen, würde kein Mädchen über sich so was erzählen wollen. Sie hat da viel geweint und hat dann von sich aus alles erzählt. Sie versuchte zu erklären, was sie bedrückt. Und sie sagte als Argument, dass sie früher, in jüngeren Jahren, also als sie noch ein Kind war, von ihrem Cousin missbraucht worden ist. Natürlich ist das eine schwere Anschuldigung gegen den Cousin. Ob das wirklich stimmt, weiß ich nicht, immer noch nicht, man spricht über solche Sachen nicht gern.

Erzähl doch mal, wie das Gespräch weiterging. Ich hab sie dann gefragt, wie es nun weitergehen soll. Das war eine schwierige Sache, wie sollte ich denn wissen, ob es wirklich so geschehen ist? Das ist eine Anschuldigung gegen den eigenen Cousin. Wenn er das erfährt, würde es wahrscheinlich zwischen der Familie eine Riesen... sage ich mal, Ausschreitung geben. Ich war in einer verflixten Mühle drin. Ich wusste wirklich nicht mehr, was ich machen sollte. Ob ich sagen sollte, komm, ich versuch mal, dir zu helfen. Aber ich hab andererseits das Gefühl gehabt, wie sollen wir dann weiterleben ... Und ich hab gesagt, ich überlass das dir. Einfach das gesagt. Was du mit deinem Leben anfangen möchtest, wie du dein Leben möchtest, wenn du meinst, dass ich dir in der Hinsicht weiterhelfen soll, musst du das selbst entscheiden. Ich hab mich einfach hingegeben. Denn nachdem ich die Sache gehört hatte, wusste ich nicht mehr, was ich machen sollte. Sie meinte auch, dass sie nicht mehr so weiterleben kann. Ich hatte das Gefühl und auch Angst davor, dass sie sich dann das Leben nehmen wollte. Sie hat auch davon gesprochen. Und dann wollte ich nicht der Schuldige daran sein. Sie war total fertig mit den Nerven, das kann ich auch ganz gut verstehen. Und wir haben uns dann besonnen, ich hab gesagt, ich geh raus. Ich bin dann wieder rausgegangen und in das Zimmer rein, wo die anderen saßen, und zwei Minuten später kam sie und heulte und lehnte sich an Vaters Füße und sagte, macht endlich Schluss mit der Sache, ich kann das nicht mehr weitermachen. Das war eine dramatische Szene, und dann hat keiner mehr was dazu gesagt. Wollte keiner mehr darüber sprechen. Sie sagte, es geht nicht, ich kann's einfach nicht. Das wollte ich natürlich auch gesagt bekommen, ich wollte wirklich nicht an der Sache Schuld haben.

Und ich wollte nicht, dass alle Sachen unter den Tisch fallen, dass keiner weiß, was los ist. Ich wollte nicht die ganze Verwandtschaft irgendwie aufeinander hetzen. Ich wollte nicht daran schuld sein. Das war dann viel einfacher, weil sie gesagt hat, dass es nicht mehr geht, dass sie nicht mehr will, und da war dann für mich das Riesenproblem leichter. Alle waren jetzt still, und keiner wusste natürlich, warum das so gekommen ist, warum sie nicht mehr wollte. Das ist ein schwieriges Thema, das kann man nicht einfach so in einem Kreis besprechen, weil es eine sehr ernsthafte Sache ist.

Haben deine Eltern auch keine Fragen gestellt? Mein Vater wollte natürlich wissen, warum nicht. Wir hatten ja nichts Falsches gemacht bis dahin. Wir hatten versucht, alles gut zu machen. Aber irgendwann hat er dann wahrscheinlich gedacht: lieber nicht mehr fragen. Weil die Sache einfach sehr ernst wurde, und dann hat er auch nichts mehr gesagt. Und dann sind viele von all denen mit eigenen Gedanken einfach aus dem Zimmer rausgegangen. Ich weiß nicht, inwiefern die Eltern das wussten, aber später ist doch was rausgekommen, man hat über diese Sache gesprochen, und der Cousin hat das natürlich erfahren. Er sagte: Wenn ich nach Deutschland komme, bringe ich alle um. So eine Anschuldigung nimmt er nicht hin. Aber dann ist nachher noch eine Geschichte rausgekommen, dass sie ein Verhältnis oder eine Freundschaft mit einem Iraner hatte. Inwiefern das stimmte, das weiß ich nicht. Sie hat den später auch geheiratet. Wir haben dann innerhalb von zwei, drei Wochen die Sache geklärt, die Trennung. Die Brüder waren ja noch eingeschaltet, die haben das selber auch eingesehen. Gott sei Dank waren sie nachher sehr verständnisvoll und haben auch wahrscheinlich begriffen, was mich bedrückt und was für mich schwierig war. Das Gleiche könnte ihnen auch passiert sein, deswegen konnten sie meine Lage verstehen.

Und dieses ganze Drama hast du immer wieder Yildiz erzählt? Ja, natürlich, die war ja mehr oder weniger mit in dem Drama drin. Ich war natürlich ein Stück reifer danach und hab mich dann fest entschlossen, dass ich mein Leben mit Yildiz aufbauen wollte, und so kam es auch dazu. Wir hatten Schwierigkeiten zwischen unseren Familien, weil wir aus anderen Gegenden kommen. Man meinte also, wir würden uns nicht anpassen und unser Eheleben wäre schwierig, und deswegen sollte man das nicht tun. Aber wir waren ganz anderer Meinung, wir hatten eine ganz andere Lebensperspektive. Da haben wir uns entschlossen, es doch zu tun, unsere Liebe war einfach stärker. Daher habe ich meinem Schwager, meinem Bruder und meiner Schwägerin und meinem Cousin alles erzählt, was los ist. Und die kannten ja die Geschichte zwischen Yildiz und mir, die wussten das auch. Und die haben sich zusammengesetzt mit meinen Eltern und gesagt, das ist so und so.

Du hast also nicht direkt mit deinen Eltern gesprochen. War es für dich leichter so? Erstens war es für mich leichter und zweitens auch einfach Ehrensache gegenüber meinen Eltern, dass ich nicht so ein aufdringlicher Mensch bin und Achtung vor den Eltern habe.

Also die Achtung verlangt, dass man nicht direkt mit dem, was man will, an die Eltern herantritt? Ja. Und vor allem in solchen Ehrensachen. Es gibt viele andere Sachen, über die man einfach mit den Eltern spricht. Nur diese Lebenssachen, also was die Heirat und so weiter betrifft, so was versucht man eher über Dritte zu besprechen. Und so hab ich das gesehen und gelernt, und daher hab ich mich auch daran gehalten. Ich hab mich natürlich später auch mit meinen Eltern zusammengesetzt und gesagt, wie ich dazu stehe, und die haben das dann zur Kenntnis genommen und die Aufgabe auf sich genommen, dass sie die Sache in die Hand nehmen und das organisieren. Und dann sind meine Eltern zu Yildiz' Eltern gegangen. Sie haben natürlich die Eltern von Yildiz benachrichtigt, dass sie kommen, weil sie um die Hand von Yildiz bitten wollen. Was vorher geschehen ist, bevor das überhaupt passierte, war, dass ich mich Yildiz' Eltern vorstellen musste. Mein Bruder kannte sich mit meinem Schwiegervater ganz gut vom Fußball her und mein Schwager auch. Der war in einem Verein im Vorstand drin, und da hatten mein Bruder und Schwager gespielt. Und meine Schwiegermutter arbeitete in einer Firma, wo auch mehrere Frauen aus unserer Gegend arbeiteten. Die war auch über die Sache bestens informiert. Ja, und dann hab ich mir einfach ein Herz gefasst, weil die Meinung war, bei meinen Eltern sowie Schwiegereltern, dass wir nicht zusammenpassen würden, von der Kultur her, weil wir ganz anders erzogen worden oder ganz anders aufgewachsen sind. Es wäre also schwierig, ein Leben aufzubauen zusammen, eine Ehe. Und ich war, wie gesagt, ganz anderer Meinung und meine Yildiz auch. Dann bin ich einfach zu den Schwiegereltern gegangen, habe mir einen Termin geholt und mich vorgestellt.

War Yildiz dabei? Nein, Yildiz war natürlich nicht dabei, Yildiz war in der Küche. Ich musste mich erst mal bekannt machen und vorstellen bei den Schwiegereltern. Am Anfang war das schwer, bis es losging, dann war ich erleichtert. Wenn man anfängt zu sprechen, dann geht es auch einfach. Ja, und dann habe ich meine Lebensvorstellungen vorgetragen. Ich möchte Yildiz heiraten, wir kennen uns gut und wir lieben uns und ich möchte gerne eine Ehe aufbauen, in der ich mit meiner Familie glücklich bin. Und ich habe natürlich meine Situation erzählt: Ich arbeite, ich hab meinen Beruf erlernt. Ich bin kein Mensch, der gern andere Wege geht, über den man nicht gern spricht und den man sich nicht wünscht als Sohn oder auch Schwiegersohn, von dem man sagen kann, dass es ein Risiko ist, ihn der Tochter als Ehemann zu geben, weil er mit seinem Haus und seiner Familie nicht verbunden ist. Ich hatte das anders gelernt und anders gesehen, und daher war für mich wichtig, dass ich diese Meinung auch weitergegeben und vertreten habe. Die meinten, dass es für uns schwierig ist, eine Ehe aufzubauen, weil wie von anderen Regionen kommen und eine andere kulturelle Erziehung haben. Ich habe gesagt: Das ist für mich kein Hindernis. Die Menschen können zueinander finden, sich weiterentwickeln. Für uns ist das viel einfacher. Wir leben in Deutschland, wir haben ganz andere Perspektiven als sie. Wir haben ganz andere Lebensvorstellungen. Das dürfte für mich kein Problem sein. Und weil unsere Liebe auch noch da ist, sind wir immer aufbaufähig, so ungefähr. Dann waren die schließlich überzeugt, meine Eltern waren auch überzeugt, haben die Sache einfach in die Hand genommen und in die Wege geleitet.

Wir haben uns im Sommer verlobt. Dann hat erst mein Bruder geheiratet, der ältere Bruder, das war natürlich eine anstrengende Ehre für meine Eltern. Und dann im November haben wir geheiratet. Diese große Feier, 1000 Leute, das war schon ein bisschen gewaltig. Die Halle war ganz neu damals, es war die erste Hochzeit, die da stattgefunden hat.

Wie wird bei euch so eine Hochzeit gemacht, wie sind die Vorbereitungen, die Sitten, welche Rolle spielt die Religion? Die Hochzeit wird von der Familie organisiert, von den Eltern des Bräutigams, und die ganzen Kosten werden von ihnen übernommen. Bei uns ist es nicht so, dass man nur enge Familienmitglieder oder Verwandte einlädt, sondern auch die Leute, denen man einfach mal guten Tag gesagt hat, mit denen man mal kurze Gespräche geführt hat, zu denen man einen guten Kontakt hat, Arbeitskollegen und so weiter. Das ist ganz normal. Und bevor die Hochzeit losgeht, einen Tag vorher, wird ein Polterabend gefeiert, bei uns heißt der Henna-Abend. Das ist der Abschied von der Junggeselligkeit. Die Mädchen feiern normalerweise allein, die Jungen ebenso. Wir haben einen kleinen Raum gemietet, wo wir zusammen gefeiert haben bis zu einer bestimmten Zeit, so elf, zwölf Uhr, und anschließend haben wir uns dann getrennt und Yildiz hat ihre Freundinnen mitgenommen und ich meine Freunde, Bekannten und Verwandten. Dann haben wir zu Hause ein bisschen weitergefeiert. Und dann wird so eine Schüssel vorbereitet mit Süßigkeiten und mit einem Topf Henna drin. Henna ist ein Farbstoff, der von sandähnlichem Material gemacht wird. So wie ein Schlamm ist das, dann taucht man die Finger rein oder man trägt es auf die Innenseite der Hände und unter die Füße auf. Das ist auch gesund gegen Fußpilz und so weiter. Das ist ein Brauch, der dazugehört. Das Henna ist in einem kleinen Topf oder einer Schüssel, und die ist in einer Schale. In der Schale sind Süßigkeiten, brennende Kerzen, Obst und so weiter. Die Jungen bereiten das Henna für die Mädchen und die Mädchen für die Jungen. Und das wird dann überreicht. Vorher wird so eine Schale mit Anziehsachen angefertigt mit Unterwäsche und anderen Sachen für Braut und Bräutigam, die wird von den Eltern gemacht. Die beiden werden dann fertig gemacht, mit Schleier und so weiter schön geschmückt. Das wird aber nicht an dem Abend überreicht, sondern am Tag vorher im Elternhaus. Die Eltern der Braut bringen dem Bräutigam seine Kleider rüber und umgekehrt. Und mit dem Henna reinigt man sich, damit man rein in die Ehe geht, auch zum Schutz gegen Krankheiten. Wir schmieren unsere Hände damit ein, tauchen die Finger ein, und manche tragen das Henna auch auf der Hand, manche Jungverlobte zum Beispiel schreiben die Erstbuchstaben von ihrer Freundin auf die Hand und so, weil das ja bleibt. Es wird dunkelrot-braun, sagen wir nussbraun, und bleibt eine Zeit lang. Das muss die Haut auswachsen. Die Jungen haben eine Schale und die Mädchen haben eine. Und sie machen ein Spiel. Es sind meistens die Brautführerin und der Bräutigamführer, die dieses Spiel vorführen. Es geht dabei auch darum, dass Jungen und Mädchen beieinander sein können. Bei einigen ist es dann so, dass da Liebe erweckt wird oder dass sie sich dadurch näher kennen lernen. Früher war das schwierig, sich zu treffen. Bei solchen Anlässen hat man sich dann kennen gelernt. Dann spielt auch eine Kapelle oder ein Tonband, ein oder zwei Tänze werden dann vorgeführt, und dann überreicht man die Schalen.

Am Hochzeitstag werden am Morgen Friseure bestellt, und ein Fotograf. Dann geht man erst mal zum Friseur und macht sich fertig. Dann gehen die Eltern des Bräutigams mit ihm zum Elternhaus des Mädchens, und sie holen die Braut aus dem Elternhaus raus. Da wird ein Gebet gesprochen. Ein Brauch ist, dass einer sich vor die Tür stellt und das Mädchen nicht rausgeben will, und der kriegt von den Eltern des Bräutigams ein Geschenk oder Geld, in welcher Höhe auch immer, bei manchen ist das, sagen wir mal 1 000 Mark, bei manchen 500, bei manchen 100, je nachdem. Derjenige kriegt das Geld und dann lässt er das Mädchen frei. Die Braut küsst dann die Hände ihrer Eltern, verabschiedet sich von ihnen, und dann gehen wir zusammen Arm in Arm raus. Ein Gebet wird von einem älteren Bekannten gesprochen, der Anerkennung und viel Lebenserfahrung hat und der mit der Religion vertraut ist. So eine Person ist immer dabei, auch wenn die Eltern zu den Eltern des Mädchens hingehen und um ihre Hand bitten. Man versucht immer, die Dorfältesten mitzunehmen bei solchen Anlässen. Es kann auch ein Geistlicher sein, muss aber nicht. Man kann in die Moschee gehen, oder ein Geistlicher kommt nach Hause und fragt das Mädchen und den Jungen nach ihrem Willen, ob sie denn auch diese Ehe eingehen wollen. Und das wird dann auch mit einem Gebet gemacht. Man kann die Ehe auch schriftlich schließen, so wie beim Standesamt. Aber dann vor Gott wird man zu Mann und Frau versprochen.

So war das bei euch auch? Ja. Dann geht man aus dem Elternhaus raus, mit einer Feier natürlich, so mit Singen und Trommeln, dann ist das Brautauto fertig, das Hochzeitsauto. Dann sind wir mit dem Bräutigamführer und der Brautführerin weggefahren. Wir sind einfach durch die Stadt gefahren und dann Kaffee trinken gegangen, bis die Gäste sich versammelt hatten im Saal. Wenn so um 17 Uhr die Hochzeitsfeier anfängt, geht man eine oder zwei Stunden später dahin. Dann wird das Brautpaar begrüßt von den Gästen, im Saal wird so ein Tunnel aufgebaut von den Jugendlichen. Sie heben die Hände hoch, sie tragen Kerzen, junge Männer und Mädchen oder auch Mädchen zusammen. Es sind Jugendliche, weil das auch wieder eine Gelegenheit für sie ist, einander näher zu kommen. Das Brautpaar macht dann den Eröffnungstanz, und anschließend tanzen die Jugendlichen um die beiden herum, und dann geht die Hochzeitsfeier weiter.

Zu unserem nächsten Thema: dein Familienleben und deine Arbeit. Du bist berufstätig, du machst noch sehr viel nebenher, und du bist Familienvater. Wie geht das in deinem Leben zusammen? Als ich Yildiz heiratete, war ich in der Firma einjähriger Geselle als Karosseriebauer. Bald darauf war ich schon Schriftenmaler, habe Fahrzeuge beschriftet. Ich hatte einen schöneren und besseren Job als früher als Karosseriebauer. Ich kann mir vorstellen, dass jeder Arbeiter sich wünscht, dass er einen sauberen Job hat, bei dem man nicht allzu dreckig wird und vor allen Dingen in der Branche tätig ist, die ihm Spaß macht. Schriftenmaler war für mich ein Traumberuf, obwohl ich früher Lehrer sein wollte, aber vom Handwerklichen her war es schon das, was meiner Vorstellung eigentlich entsprach. Und deswegen fand ich auch diesen Beruf toll, obwohl ich das nie richtig gelernt habe, sondern durch Zufall in diesen Beruf gekommen bin. Jetzt bin ich als angelernter Schriftenmaler tätig.

Yildiz hatte keine Berufsausbildung, und sie hat damals mit der Lehre angefangen. Ich war dafür, wir haben das zusammen beschlossen. Und dann bot sich auch die Möglichkeit, dass sie eine Lehrstelle kriegt. Nur, im Leben spielt das alles nie so, wie man es sich wünscht oder vorstellt. Nach einem halbem Jahr haben meine Eltern einen Bau in der Türkei angefangen. Mein Vater hatte ein Grundstück gekauft in S., zwischen Istanbul und Izmir, und er wollte unbedingt ein Haus bauen als Zukunftssicherung. Die Eltern gehen immer noch davon aus, dass sie irgendwann doch zurückkehren müssen. Obwohl sie mit zwei Herzen leben, also die werden von hier nicht einfach wegkommen, allein aus dem Grunde, weil so viele Familienmitglieder hier in Deutschland sind. Wir Söhne sollten daran teilnehmen. Mein Vater sagte, dass wir vier Brüder uns das unbedingt vornehmen sollten, dass wir das Haus bauen und dass jeder was davon hat in Zukunft, damit man irgendwann sich mit dem Rücken da anlehnen und sagen kann: Ich bin doch nicht ganz ohne etwas da. Das heißt ja nicht, dass wir unbedingt zurückgehen wollen, aber man kann ja nie wissen, was hier in Deutschland alles passiert in der Zukunft. Die rosigen Zeiten werden irgendwann vorbei sein, denke ich. Aber wenn wir auch zurückgehen müssen, dann wollen wir natürlich nicht da wie ein nackter Baum stehen. Wir haben damals Kredit aufgenommen, jeder für sich dann, wie er es sich leisten konnte, und in monatlichen Raten haben wir das abbezahlt.

Finanziell waren wir dadurch natürlich ein bisschen in Enge. Da kam so ein Angebot von einem Bekannten, dass wir nebenbei was verdienen könnten als Vertreter, dass wir dann Tupperwaren, Haushaltsgeräte und Gesundheitsgeräte verkaufen. Wir mussten zweimal die Woche abends zu Seminaren, und an Wochenenden mussten wir solche Tupperpartys machen und vorführen. Das ging ein halbes Jahr ganz gut, weil wir energisch bei der Sache waren, und wir sind auch ziemlich weit gekommen, wir sind sogar Manager geworden in dem Bereich. Aber wir hatten nie daran gedacht, dass wir dabei kaputtgehen, körperlich kaputt, geistig kaputt, einfach weil zu viel Anstrengung damit verbunden war, zu viel Fahrerei und die Kosten noch dazu. Und Yildiz wurde schwanger.

War das geplant? Nein, das war nicht geplant. Wir wollten noch gar nicht. Wir haben gesagt: Komm, lass uns erst mal ein bisschen sparen, unser Haus in der Türkei fertig bauen, und dann können wir planen, wie wir es mit den Kindern machen. Und dann war sie doch schwanger, hat also nicht richtig aufgepasst. Und im dritten oder vierten Monat hat sie dann Komplikationen gekriegt, es ging ihr gar nicht mehr gut, sie hatte ständig Schmerzen. Wir waren natürlich unerfahren, einfach unerfahren, was die Schwangerschaft angeht. Und Yildiz musste immer zur Arbeit und von der Arbeit nach Hause geschickt werden, weil es ihr nicht gut ging. Immer wieder ging sie zur Arbeit und wurde dann doch wieder nach Hause geschickt, weil sie nicht mehr konnte, und dann hab ich ihr gesagt, sie sollte mit der Sache aufhören. Und sie hat mit der Arbeit aufgehört. Und dann haben wir auch nicht mehr weitergemacht mit diesem Vertreterjob, und sie hat mit der Ausbildung aufgehört. Das wusste ich nicht, das hat sie nicht mit mir abgesprochen. Ich hatte das nicht so gemeint. Als sie nach Hause kam, sagte sie mir, sie hätte gekündigt, sie wäre nervlich total kaputt, hätte keine Lust mehr, von der Arbeit zum Arzt, vom Arzt zur Arbeit zu laufen. Da hat sie einfach gekündigt, damit sie ihre Ruhe hat. Das war natürlich ein harter Schlag, vielleicht auch, sag ich mal, eine Dummheit, es waren ja nur noch zwei Monate bis zum Ende der Ausbildung. Und das Schlimmste war: Nach zwei Wochen hatte sie eine Fehlgeburt. Yildiz ging es überhaupt nicht gut, und da waren wir total deprimiert, sie natürlich am meisten. Ich kann mir vorstellen, dass eine Frau oder eine Mutter in der Sache noch mehr betroffen ist als ein Mann. Das ist klar. Und sie hat ja die Schwere getragen und die Leiden, nicht ich. Ich konnte das alles nur äußerlich mitkriegen.

Das war schrecklich für Yildiz. Kein Baby, kein Beruf. Ja. Und dann kamen unsere Probleme auf, man suchte dann den Schuldigen dafür, dass wir nicht so richtig mit der Sache fertig werden konnten, oder besser gesagt Yildiz, weil wir ja auch die Sache mit dem Bau angefangen hatten und dann noch diesen Vertreterjob. Es war alles zu viel Anstrengung, das haben wir vorher nicht voraussehen können. Dann haben wir uns mehrmals gestritten und versuchten immer wieder, über die Probleme wegzukommen. Und nach einiger Zeit – Yildiz ging es gesundheitlich schon besser – kam eine deutsche Bekannte und hat Yildiz eine Stellung angeboten, eine Kindergartenstelle als Aushilfskraft. Es war ein internationales Kinderzentrum, und darum wollten sie eine Ausländerin einstellen. Dann sind wir zu einem Vorstellungsgespräch eingeladen worden und sind beide zusammen hingegangen. Die haben uns dann die Sache erklärt und Yildiz gefragt, ob sie Lust hätte, das zu machen. Sie hat natürlich mit Handkuss angenommen, weil es eigentlich ihr Lieblingsbereich ist, sich mit Kindern zu beschäftigen, und es war auch eine neue Herausforderung für sie. Ein Jahr oder länger hat sie da gearbeitet.

Und dann kam Kermoran. Yildiz ging es gesundheitlich wirklich nicht gut, auch später bei der zweiten Schwangerschaft. Kermoran war sogar eine Frühgeburt, sechs Wochen früher hat sie ihn bekommen. Und dann mit Kermoran haben wir eine sehr glückliche Zeit erlebt. In der Zeit, als er kam, war ich auch zu Hause. Ich hatte Urlaub, und anschließend hatte ich unglücklicherweise meine Hand gebrochen und war noch weitere sechs Wochen zu Hause. Ich konnte mich um Kermoran kümmern, und das war für Yildiz sehr hilfreich. Das hat mir auch Spaß gemacht und war gut.

Finanziell ging es uns langsam besser. Der Meister ging in Rente, ein anderer Kollege ist Abteilungsleiter geworden und ich sein Stellvertreter. Dann wurde Yildiz wieder schwanger mit Timur. Und das war auch nicht gut, sie hatte wieder Komplikationen, und das Schlimmste war: während der Schwangerschaft bekam sie so eine fiebrige Erkältung und kam dann ins Krankenhaus. An dem Tag war ich auch im Krankenhaus, das war der erste Geburtstag von Kermoran. Mir ging es auch sehr schlecht, ich hatte Mandelentzündung mit 40 Fieber, das Fieber konnten sie nicht senken, und obwohl ich an Infusionen gehangen habe, hat es drei oder vier Tage gedauert, bis es endlich runterging. Und in der Zeit kam Yildiz hinter mir her ins Krankenhaus. Es ging ihr echt schlecht, und die Ärzte wussten erst mal nicht, was da los war. Weil sie schwanger war, wollten sie ihr natürlich keine starken Medikamente geben. Dann stellte sich nach einigen Tagen raus, dass sie Rheuma hatte. Wenn man es nicht richtig behandeln kann, dann ist es natürlich gefährlich. Wegen der Schwangerschaft konnten sie es nicht richtig behandeln. Es hat lange gedauert, bis sie sich wieder erholen konnte. Dann kam Timur auf die Welt, und ein halbes Jahr später hatte sie dann einen zweiten Rheumaschub. Der erste hatte ja schon seine Nachwirkungen gehabt, und dann dazu noch der zweite, das hat seine Spuren hinterlassen.

Als Timur kam, hatte ich mir vorher überlegt, dass ich meinen Job als Schriftenmaler weiterentwickle. Ich wollte eben privat nebenbei, also selbstständig, was machen. Mit meinem Abteilungsleiter habe ich mich zusammengetan, wir haben uns überlegt, eine Computeranlage zu kaufen, so dass wir Beschriftungen anfertigen und nebenbei ein bisschen Geld verdienen können. Es kam so, dass der Kollege aus privaten Gründen Bielefeld verlassen musste und seinen Job aufgegeben hat, und ich stand da und wusste nicht, was ich machen sollte. Ich musste erstens den Abteilungsleiterjob übernehmen, zweitens hatte ich die Anlage ja schon bestellt.

Weil mein Kollege aus dem Grunde, dass er wegging, nicht mehr bezahlen wollte, hab ich mir überlegt: Ich kaufe die selber, finanzier die selber. Bekomme ich Unterstützung von meinen Eltern, von meinen Schwagern oder Geschwistern, dann krieg ich das schon auf die Reihe. Dazu kamen Yildiz' Probleme mit der Schwangerschaft, und als Timur dann auf die Welt kam, hatte er auch seine Probleme. Die Öffnung zum Harnleiter an der Niere war zu eng. Und deswegen hatte er Nierenstau. Das haben die Ärzte schon in der Schwangerschaft in den letzten Wochen entdeckt, also feststellen können, dass er Nierenstau hat. Sie haben gesagt: Wir warten ab, bis das Kind auf die Welt gekommen ist. Wenn das dann nicht weggeht, müssen wir eben sehen, was wir medizinisch machen können. Ja, und dann kam Timur auf die Welt mit dem Nierenstau. Ich konnte zu Hause nicht viel helfen, ich hatte in meinen zweiten Job ja viel Geld investiert und musste zusehen, dass es wieder reinkommt. Damals habe ich angefangen, sehr viel zu arbeiten, meistens abends nach der Arbeit noch eine zweite Schicht zuzulegen. Dann musste Timur ins Krankenhaus. Yildiz wollte mit ihm ins Krankenhaus gehen, und ich habe mir vorgenommen, dass ich dann zu Hause bleibe, nicht arbeite und auf Kermoran aufpasse. Das haben wir so geregelt gekriegt, und dann war ich vier Wochen zu Hause, und das klappte eigentlich ganz gut.

In der Zeit danach wurde Yildiz selbst ein paarmal krank und musste ins Krankenhaus. Ich hatte ja eine verantwortungsvolle Aufgabe in der Firma, ich konnte nicht immer meinen Arbeitsplatz verlassen und jedes Mal mit dem Argument kommen: Ich muss auf das und das Rücksicht nehmen, und meine Kinder bleiben allein. Das ging ja nicht, und so was akzeptiert der Arbeitgeber nicht gern. Wir haben versucht, andere Lösungen zu finden. Zum Glück haben die Schwiegereltern, hat auch meine Mutter uns immer wieder unter die Arme gegriffen und auf Kermoran aufgepasst, auch wenn das Querelen gab.

Was für Querelen? Yildiz musste wieder ins Krankenhaus. Sie hatte ständig Schmerzen an den Gelenken, und damit das nicht noch schlimmer wird, musste sie behandelt werden. In der Zeit wurde Kermoran immer zu den Eltern gebracht, die dann auf ihn aufgepasst haben, und Timur war dann auch da. Yildiz' schwierigstes Problem war, dass sie sich nicht von den Kindern lösen konnte. Also, sie war so anhänglich an die Kinder und meinte, jeder andere Mensch würde die falsch erziehen oder falsch behandeln. Aber das sind ja unsere Mütter und Väter, die genauso viel Wert darauf legen, dass es den Kindern gut geht. Mag sein, dass die Erziehung bei denen nicht so hundertprozentig ist, aber die werden dafür sorgen, dass es den Kindern gut geht, das ist die Hauptsache, nicht die Erziehung, meine ich. Die sind noch zu jung gewesen dafür, Timur war ja fast im Babyalter und Kermoran noch ein kleines Kind, da kann von Erziehung noch nicht die Rede sein. Damit tat sich Yildiz schwer, sie konnte davon nicht wegkommen und meinte, ich kümmere mich zu wenig um die Kinder und verbringe zu wenig Zeit mit ihnen. Das stimmt eigentlich gar nicht, weil ich immer versuchte, nach der Arbeit bei ihnen zu sein, eine Stunde oder zwei oder auch drei, wenn es sein musste, bis sie ins Bett kamen, und erst danach meine Arbeit anzufangen.

Also dein Tag sieht so aus, dass du morgens anfängst bei deiner Stelle, und dann kommst du um vier oder fünf Uhr nach Hause, dann bist du zwei bis drei Stunden mit der Familie zusammen, und dann gehst du an deinen Computer und arbeitest weiter. Und wie lang arbeitest du abends? Unterschiedlich. In der Woche zwei bis drei Stunden je nach Bedarf, auch mal vier Stunden, aber nicht mehr. Aber es gab Wochenenden, wo ich wirklich fast die Nächte durchgearbeitet habe. Um mich auf dem Markt zu halten, musste ich Aufträge kurzfristig annehmen und die dann auch ausführen. Und deswegen musste ich mir oft vornehmen, die Nächte durchzuarbeiten. Da haben meine

Brüder mir gut geholfen, die haben mich unterstützt. Sie hatten selber keine Ahnung von Computerarbeit, aber bei der Ausführung haben sie mir geholfen.

Und das tut ihr immer mit dem Ziel, dass ihr euch in der Türkei etwas aufbaut, als Absicherung für eure ganze Familie. Ja. Ich habe meinen Anteil ja für das Haus bezahlt, es ist fertig, Gott sei Dank, und die ersten Früchte können wir schon sammeln. Zwölf Wohnungen und zwei Läden sind vermietet. Die Mieten sind niedrig, aber langsam profitieren wir von unseren Investitionen. Natürlich war die Zeit hart, das ist klar, von nichts kommt nichts. Das ist mein Denken immer wieder, wenn man nichts tut, dann kann man auch nichts kriegen.

Du sagst immer wieder: Ich möchte, dass meine Familie sicher ist. Du hast eine gut bezahlte Stellung, ihr habt eine gute Wohnung, ihr habt ein Auto, ihr habt alles, was man braucht. Warum musst du noch eine zweite Arbeit haben? Es geht euch doch gut, und du hast außerdem noch ein Haus in der Türkei. Wozu musst du noch mehr Geld verdienen? Es geht mir nicht darum, viel mehr Geld zu verdienen. Ich habe einfach Sorge um meine Arbeitsstelle. Man sieht ja die wirtschaftliche Lage in Deutschland, wie schwierig sie geworden ist. Die Glanzzeiten sind einfach vorbei, und die Arbeitgeber können es nicht mehr dulden, so hohe Löhne zu bezahlen. Und ich kann mir schon vorstellen, auch bei meinem Arbeitgeber, dass er die Produktion irgendwann mal verlagert in andere Länder. Und wovon soll ich dann leben? Dazu kommt noch die andere Schwierigkeit, als Ausländer hier in Deutschland eine andere Arbeitsstelle zu finden, auch wenn ich eine qualifizierte Fachkraft bin. Man weiß, wie die Löhne sind und dass man sehr viele Unkosten hat hier in Deutschland, dass die Preise einfach sehr hoch sind, sei es Miete oder Kindergartenbeiträge oder Bekleidung, Essen und so weiter. Das ist alles viel Geld, und wenn man dann keine gute Arbeit hat und nicht gut verdient, dann kann man das alles gar nicht mehr bezahlen. Und deswegen halte ich das für nötig, dass ich sagen kann: Mein Gott, wenn es da nicht weitergeht, dann hab ich meinen Job, der zwar nicht das gleiche Geld bringt, was ich in der Firma kriege, aber doch so viel, dass ich meine Familie ernähren kann. Das ist mein Hauptziel, dass ich irgendwann auf meinen eigenen Beinen stehen kann, dass ich nicht unbedingt auf andere angewiesen bin.

Angenommen, es gäbe ein Unglück und du würdest deinen Arbeitsplatz verlieren, könntest du dann deinen eigenen Betrieb so ausbauen, dass du davon leben kannst? Das kann ich mir schon vorstellen. Natürlich hängt das von der wirtschaftlichen Lage ab. In der Branche ist schon Bedarf da, aber wenn die wirtschaftliche Lage nicht mitspielt, nicht gut mitspielt, dann wird es schwerer, Aufträge zu kriegen, und wenn, dann nicht mehr zu den guten Preisen. Wie gesagt, ich kann mit niedrigeren Löhnen leben als mein Arbeitgeber, weil meine Abgaben nicht so hoch ausfallen und ich keine Lohnnebenkosten habe. Wir machen das ja im Familienbetrieb. Und deswegen kann ich schon sagen, wenn es heute nicht mehr mit der Arbeitsstelle geht, dann kann ich immer noch auf mich selbst zählen.

Du hast ja eigentlich drei Absicherungen: Du hast deine sichere Stelle, du hast deinen sicheren Nebenjob, und du hat eine sichere Kapitalanlage in der Türkei. Und die Lira steht immer noch niedrig im Vergleich zu unserer Währung. Was du hier mehr verdienst, das kannst du in der Türkei investieren. Ja. Nicht, dass ich dann steinreich bin oder so, aber dass ich dann irgendwann auf meine Investition zählen und sagen kann: Im schlimmsten Falle kann ich davon leben.

Und wäre es für dich jetzt persönlich eine gute Perspektive, in der Türkei zu leben? Ich bin ja zwischen zwei Welten, und ich möchte natürlich nicht meine Beziehung zur Türkei verlieren. Ich denke, das würde jedem Mensch genauso gehen, der im Ausland lebt und da sein Geld verdient und dann natürlich seine Zukunft da aufbaut, wo er meint, dass er sicher leben kann. Früher, vor fünf oder sechs Jahren, habe ich nie daran gedacht, dass ich in die Türkei gehen will. Aber jetzt denke ich ganz anders, da denke ich: vielleicht muss ich doch.

Wegen der wirtschaftlichen Lage? Nicht nur. Wenn die wirtschaftliche Lage noch schlechter wird, denke ich, können irgendwann wieder die Zeiten kommen, dass die Ausländer unerwünscht sind. Viele denken dann: Ach ja, lieber die weg als wir, lieber die arbeitslos als wir. Viele denken, dass wir ihnen die Arbeitsplätze wegnehmen.

Du weißt ja auch, Aytekin, dass unsere Wirtschaft sofort zusammenbrechen würde, wenn alle Ausländer, die in Deutschland leben, auf einen Schlag das Land verlassen würden. Denn ihr zahlt ja Sozialabgaben und Solidaritätszuschlag und all das und finanziert unseren Staat damit auch, und das wissen die Deutschen ganz genau. Natürlich, das ist wahr. Aber das wissen vielleicht die Politiker und solche Leute. Viele vom Volk können so was natürlich nicht sehen und auch nicht verstehen.

Du würdest doch ein großes Stück Heimat aufgeben, wenn du jetzt hier weggingest. Natürlich würde mir das sehr schwer fallen. Also was soll ich da lügen, ich habe mir vor einem oder zwei Jahren überlegt: Kommt, tun wir uns alle zusammen, meine Eltern und wir, und lasst uns doch hier ein Haus kaufen, dass wir uns mal wirklich zu Hause fühlen und sagen können: Das ist unser Haus, da gehen wir rein und fühlen uns wohl. Aber ich hab Dinge erlebt, das glaubst du gar nicht, Annemarie. Dann denke ich manchmal wirklich, ob das denn sinnvoll ist, hier in meine Zukunft zu investieren, wenn es dann nachher nichts für mich bringt.

Wir haben die Probleme gehabt mit unserem Nachbarn. Wie wir von dem als Ausländer gesehen werden, das hat uns wirklich getroffen. Vielleicht kennst du ja die Geschichte mit diesem Nachbarn, der so problematisch geworden ist wegen der Parkplätze bei uns und uns als Eseltreiber beschimpft hat und solche Sachen. Der hat uns gesagt, zu meiner Frau vor allen Dingen: Ja, die haben drüben Esel geritten, und hier fahren sie Autos und was weiß ich alles. Weil der zu faul ist, selber was zu tun, und nur neidisch auf uns war, weil ich so viel gearbeitet habe und mir dafür was aufbauen wollte. Und das macht mir natürlich den Eindruck, ich bin hier unerwünscht. Wenn ich mich mit meinem Nachbarn nicht verstehe, dann tut mir das doch weh. Man liest auch immer wieder in der Zeitung solche Geschichten. Eine Familie, die aus Ostanatolien gekommen ist zum Beispiel, hat sich ein Haus gekauft, und die Nachbarn wollten sie nicht da haben und haben durch Gerichtsbeschluss ihnen das Haus weggenommen. Das ist doch eine harte Sache, oder nicht?

Aber die sind doch nicht damit durchgekommen vor einem deutschen Gericht, unmöglich. Die sind durchgekommen, durch Gerichtsbeschluss hat man dem Mann das Haus weggenommen, also nicht das Geld, das hat man ihm wieder zurückgegeben. Und er hatte da 25 000 Mark investiert, damit er da wohnen kann, weil er viele Kinder hatte, glaube ich. Viele Nachbarn haben das nicht dulden wollen und haben gesagt, das vermindert unsere Lebensqualität. Und dann krieg ich doch Gänsehaut! Ein ganz anderes Beispiel kann ich dir noch geben. In der Firma bin ich von meinem eigenen Arbeitskollegen so angemacht, dafür verantwortlich gemacht worden, dass da ein Flugzeug einer türkischen Gesellschaft, das mit deutschen Urlaubern besetzt war, abstürzte. Als ob ich die ins Unglück gestürzt hätte!

Blöde Leute und blöde Äußerungen gibt es immer, leider neigen Menschen dazu, wenn irgendwas schief läuft, einen Sündenbock zu suchen. Erzähl bitte noch die Geschichte von eurem Nachbarn zu Ende. Der ist früher Hausmeister gewesen bei uns auf dem Hof, wir wohnen im Hinterhaus. Später hat der neue Hausbesitzer ihm diese Aufgabe weggenommen. Der ist wahrscheinlich ein bisschen sauer gewesen und hat sich als Polizei aufgeführt, sagen wir mal, als Wachmann auf dem Hof, und das versucht er immer noch. Und irgendwann kam es dazu, dass ich wichtigen Besuch hatte beim Geburtstag von meinem Sohn, und der hat da einfach Randale gemacht, dass die Autos wegmüssten. Das hab ich nicht mehr akzeptiert und bin rausgegangen. Ich hab gesagt, das geht so nicht. Er hat ein bisschen Aufstand gemacht, und ich habe ebenso gegengehalten, es gab unvernünftige Worte, und dann wurde es von Tag zu Tag schlimmer. Wir durften keinen Besuch kriegen, der wurde schon vor der Straße, vor der Einfahrt schon angehalten und zurückgewiesen. Egal ob das ein deutscher Besucher war oder auch ein türkischer. Und natürlich ging uns das richtig auf die Nerven, erniedrigend ist das, dass er einfach unsere Leute, meinen Besuch, vor der Tür abfängt, ihn rausschmeißt oder nicht reinlässt. Und als ich meinen zweiten Job anfing, gab es einige Kunden, die ahnungslos in den Hof fuhren und dann gleich zurückgewiesen wurden. Ich kann mir vorstellen, dass er neidisch auf meinen Job war, dass ich nebenbei Geld verdient habe. Irgendwann hat meine Frau sich auch dagegen gewehrt, als er sich dann wieder einmal so aufgeführt hat und unsere Gäste rausschmeißen wollte, und sich mit ihm angelegt. Und eines Tages hat er ein paar Autos von unseren Gästen einfach zugeparkt, was er eigentlich nicht machen darf. Daraufhin hat meine Frau gesagt, wenn er sein Auto nicht wegfährt, dann ruft sie die Polizei, damit die das regelt. Und dann hat Yildiz die Polizei angerufen, und die haben ihr gesagt, sie soll mal die Telefonnummer von dem durchgeben, die rufen da mal an, bevor sie kommen. Sie hat ihnen seine Nummer gegeben, und die Polizei hat da angerufen. Und die kamen mit Frau und Mann raus und fingen an rumzubrüllen und irgendwelche Beschimpfungen loszuwerden, und dann haben sie das Auto da weggefahren. Einige Zeit später passierte noch mal so ein Fall. Und da war Yildiz natürlich total aufgeregt und hat dann noch mal den Hausbesitzer angerufen und erzählt, was hier los ist, und gefragt, welches Recht er hat, unseren Besuch und unsere Gäste so anzumachen, und warum wir kein Recht haben, hier einfach zu parken. Später, in der Urlaubszeit, machte Yildiz eine Urlaubsvertretung und hatte das Auto von meiner Schwester, damit sie zur Arbeit fahren konnte. Ich hatte auch ein Auto, mit dem ich zur Arbeit fuhr, und da hat er einen Aufstand gemacht, also das Auto müsste unbedingt da weg. Wir hätten kein Anrecht darauf, hier zwei Autos hinzustellen, obwohl er selber drei Autos da hinstellt. Er hat eine eigene Garage, er hat ein Firmenauto, sein Sohn hat ein Auto, und seine Tochter hat ein Auto. Und zusätzlich parkt er sein Auto nicht in der Garage, sondern vor dem Haus. Das sind also vier Parkplätze, die von ihm alleine besetzt werden. Und Yildiz, das kann ich ganz gut verstehen, ist natürlich auch ein Mensch, der Gerechtigkeit sucht, und hat ihm ganz klar gesagt, dass es nicht sein Recht ist, uns so zu behandeln. Ja, daraufhin ist unsere Beziehung noch schlimmer geworden, und irgendwann hat er unsere Gäste auch noch angemacht, und daraufhin hat Yildiz zu ihm gesagt: Das ist einfach ausländerfeindliches Verhalten uns gegenüber. Und daraufhin reagierte er und meinte, das macht er nicht mit. Er sagte sogar vor einigen Zeugen: Dann wundern sie sich, wenn die Häuser fackeln. Daraufhin haben wir natürlich Angst gekriegt, Yildiz hatte schlaflose Nächte bei dem Gedanken, was alles passieren könnte. Wir wohnen allein da hinten, und da gibt es keinen Schutz. Das war Terror, Psychoterror. Am Tag darauf, als Yildiz mit den Kindern rausging, kam er da raus und fing mit meiner Frau an zu schimpfen: »Iii, hier stinkt's!« Spucken und so weiter, solche Sachen haben sie da gemacht. Sie haben Yildiz vor die Füße gespuckt, nicht direkt auf den Körper oder das Gesicht, aber selbst darauf hat mein Sohn reagiert. Er fragte Yildiz: »Mama, warum machen die denn das?« Selbst die Kinder konnten das nicht mehr verstehen. Ja, und daraufhin, an dem Abend, als ich von der Arbeit kam, hat Yildiz richtig gezittert und war kurz vorm Heulen und erzählte mir das. Ich war sehr wütend, und in dem Moment hab ich ihn gesehen. Ich war noch nicht drin, vor der Tür war ich, da hab ich ihn von seiner Garage aus zum Haus laufen gesehen und bin gleich runtergegangen. Ich hab ihm einfach angedroht, dass er, wenn er das noch mal macht, ganz andere Sachen von uns sehen wird, ganz andere Seiten erleben wird. Und dass wir das einfach nicht so hinnehmen, dass er meine Frau anspuckt und meine Kinder so beleidigt. Ich hab gesagt, ich werde ihn verklagen, ich werde das auch in die Zeitung setzen, und daraufhin haben wir sogar noch bei der Polizei angerufen, und bei der Zeitung haben wir auch angerufen, aber da kamen wir leider nicht durch. Einmal war ich unten in unserem Arbeitsraum und hatte noch einen Besuch da, einen deutschen Kollegen. Er rief dann von draußen, brüllte in die Wohnung rein: »Der Eseltreiber soll sein Auto da wegfahren!« Und das hat mein Arbeitskollege mitgekriegt, er konnte es auch nicht fassen. Und darum plädiere ich dafür, dass wir auf unsere Sicherheit Rücksicht nehmen und uns Gedanken auch über die Zukunft machen. Heute ist es einer, morgen können es mehrere sein. Man hört auch immer wieder, dass da mal ein Brandanschlag war und hier mal, das waren ja keine Zufälle.

Aytekin, ich verstehe das sehr gut, natürlich. Wenn mir das passiert wäre, wäre ich genauso deprimiert und zornig und traurig wie du. Trotzdem finde ich deine Schlussfolgerung nicht richtig. Angenommen, du sagst eines Tages: wir gehen jetzt in die Türkei, mir reicht's.

Das ist zwar verständlich, aber das ist doch nicht richtig. Das heißt nämlich, dass man solchen Idioten wie dem dann Recht gibt und solches Verhalten bestärkt. Anstatt dass man das bestärkt, was es ja Gott sei Dank auch gibt, und zwar zigmal mehr als dieses hier, nämlich dass Deutsche und Türken wirklich gut miteinander auskommen und leben. Es ist eine Realität, die niemand ändern kann und auch niemand ändern will, der auch nur halbwegs Verstand im Kopf hat, dass Deutschland jetzt ein multikulturelles Land ist, und das ist gut so. Das heißt, wir haben alle die Aufgabe, dass wir Formen finden, in denen das Zusammenleben gut funktioniert. Und in diesem Fall muss das heißen, so einem Kerl muss man einfach das Maul stopfen. Und wenn ihr jetzt geht, dann passiert das Gegenteil, dann sagt er, ha, denen haben wir's aber gegeben. Und dann erzählt er das seinen Nachbarn, die sagen, ha, wieder ein paar Türken weniger. So darf das doch nicht laufen. Ja, natürlich. Da bin ich genau deiner Meinung. Wir haben auch ziemlich lange dagegen gehalten und auch mit Erfolg, weil zum Glück der Hausbesitzer auch auf unserer Seite war, bei dem wir uns beschwert haben. Und zum Glück wohnte der Sohn auch in dem Haus, der das alles miterlebt und gesehen hat.

Noch einmal zu deinem Leben als Ausländer, als Türke, in Deutschland. Wie war das für dich, als du nach Deutschland kamst? Wie hast du die erste Zeit hier erlebt, als du noch kaum Deutsch konntest? Ich bin mit dreizehn Jahren nach Deutschland gekommen, ich hatte überhaupt keine Ahnung von Deutschland, obwohl meine Eltern ja hier gelebt haben. Ich konnte nicht Deutsch, nur ein paar Worte, »Wie heißt du?«, »Woher kommst du?«, »Wie alt bist du?« und solche Sachen und die Zahlen. Ich kam dann in eine Vorbereitungsklasse für türkische Schüler. Der Normalunterricht – Mathematik, Erdkunde, Geschichte und so weiter – fand in türkischer Sprache statt, also das, was man auch in der Türkei so lernt. Und dann hatten wir Deutschlehrer, die uns Deutschunterricht gegeben haben. Die haben angefangen bei null – zum Beispiel, die Buchstaben kennen zu lernen und den Satzaufbau und das mit »der, die, das« und so weiter. Das ist natürlich im Schnellgang gemacht worden, weil der Übergang so schnell wie möglich sein sollte. Ich hatte sehr gute Noten mitgebracht und hier überhaupt keine Probleme im Unterricht. Mein einziges Problem war die Sprache, einfach die deutsche Sprache. Im türkischen Unterricht habe ich sogar besser abgeschnitten als in der Türkei, weil die schulische Erziehung in der Türkei viel strenger ist als hier. Das war für mich eigentlich wie ein Kinderspiel, was wir in der Schule gemacht haben. Im 8. Schuljahr hier hatte ich acht Einsen, natürlich in den türkischen Fächern. Nach einem Jahr war ich in Deutsch auch schon besser, und dann haben wir es so gemacht im 9. Schuljahr, dass wir überwiegend auf Deutsch Unterricht hatten, die Fächer Mathematik, Physik und Wirtschaftslehre, Geschichte und so weiter. Für mich ist das alles wirklich zu schnell gegangen, mir fehlten die gesamten Grundkenntnisse in Deutsch. Was man von Kind an alles mitnimmt, das fehlte mir natürlich, und das war mein Hauptproblem auch bei den Diktaten, die wir schreiben mussten, oder bei Aufsätzen, dass ich erst mal in Türkisch überlegen musste und dann in Deutsch übersetzen. Und die Grammatik fehlte mir. Trotzdem bin ich dann in eine deutsche Klasse aufgenommen worden, und da habe ich ganz normal wie alle anderen deutschen Schüler auch meinen Abschluss gemacht. Die haben mir angeboten, dass ich dann noch die 10 b mache, also die mittlere Reife, damit ich dann die Voraussetzungen habe, weiter zur Schule zu gehen. Da hab ich mir überlegt, dass meine Eltern in einer schwierigen Lage waren. Sie hatten sechs Kinder zu Hause, wir sind ja sieben Geschwister insgesamt, aber sechs waren eben noch im Elternhaus. Mein älterer Bruder studierte, und es fehlte einfach an Geld, um das alles auf die Reihe zu kriegen. Da hab ich mir überlegt: Ich mache am besten eine Ausbildung. Ich wollte Automechaniker werden und habe mir gesagt: Dann kann ich auch meine Eltern unterstützen, damit es uns finanziell ein bisschen besser geht. Und um mein Deutsch zu verbessern, hab ich auch im Fußballverein gespielt, in einem deutschen Fußballverein. Das hat mir sehr viel geholfen, und ich habe sehr viele Freunde dadurch gewonnen, natürlich deutsche, mit denen ich immer noch Kontakt habe. Ich hatte meine Fehler in der Sprache, aber die haben das nicht so streng gesehen, haben immer wieder meine Fehler auskuriert, und das half mir dann, mich zu verbessern, so habe ich gut Deutsch gelernt. Beides zusammen: Wie man sprechen muss im täglichen Leben, das hab ich im Fußballverein gelernt, und in der Schule fachlich, wie man das machen muss.

Aus allem, was du erzählst, ergibt sich für mich das Bild von einem sehr zielbewussten, fleißigen, strebsamen Menschen. Du willst etwas erreichen, du willst die Schule schaffen, du willst im Fußballverein spielen, und du schaffst das auch alles. Du hast sehr viel über deine Willenskraft und deinen Fleiß und deinen Verstand gemacht. Wie war denn eigentlich dein Gefühl dabei, also wie ist es deiner Seele gegangen? Verstehst du, was ich meine? Ja, natürlich. Am Anfang war es für mich schwer. Ich hatte ein Leben hinter mir gelassen, in dem ich sehr glücklich war. Meine Oma hatte auf uns aufgepasst in der Türkei. Als ich nach Deutschland kam, waren meine Eltern für mich mehr oder weniger fremd. Aber ich hatte meine Geschwister hier, mit denen ich zusammengelebt hatte da drüben, und das gab mir dann Trost. Und dazu kam noch das Glück, in Deutschland zu leben. Es gab Schule, Arbeit, alles, alles, was man zum Leben braucht. Und Menschen, mit denen man auch sprechen, sich unterhalten konnte ohne irgendwelche Probleme und irgendwelchen Streit über politische Dinge, was in der Türkei nicht der Fall war. Und deswegen war ich überglücklich, in so einem Land zu sein. Das hat mir noch mehr Kraft gegeben, um das zu erreichen, was ich wollte. Natürlich hab ich nicht das erreicht, was ich wirklich wollte. Ich hätte auch gerne studiert und mich schulisch weiter ausgebildet, aber man muss auch einige Dinge so nehmen, wie sie kommen. Ich habe Rücksicht auf meine Eltern genommen und mit der Ausbildung angefangen, die durch meine Deutschlehrerin arrangiert worden ist. Ich bin zu einem Vorstellungsgespräch gekommen und hab mein Zeugnis hingelegt und meinen Lebenslauf, und unser Personalchef sagte damals zu mir, warum ich mit so einem Zeugnis eigentlich hier hinkomme, ich hätte alle Voraussetzungen, mit diesem Schulzeugnis viel mehr zu machen. Ich hab gesagt, ich bin froh, wenn ich eine Ausbildungsstelle habe, dass ich was lernen kann. Aber ich hab nicht davon gesprochen, dass ich gern meinen Eltern helfen will. Ich habe mit meiner Lehre angefangen, und es lief auch ganz gut.

Hast du denn gleich Geld abgegeben an die Eltern? Mein ganzes Geld. Ich hab ja bei meinen Eltern gelebt, gegessen, getrunken, alles aus einem Topf, wie es eben im Familienleben ist. Ich habe nie daran gedacht, das Geld für mich zu behalten, weil ich arbeite und es verdiene. Ich denke: Das sind meine Eltern, die so lange für uns gesorgt haben, geschuftet haben, damit wir ein besseres Leben haben. Und aus dem Grunde denke ich, es ist jetzt unsere Pflicht, dafür zu sorgen, dass es unseren Eltern gut geht.

Du hast gesagt, als du nach Deutschland kamst, da waren deine Eltern dir fremd. Sie hatten ja jahrelang in Deutschland gelebt. Du musstest deine Eltern sozusagen wiederfinden. Wenn meine Eltern im Urlaub in die Türkei kamen, hatten wir ein sehr gutes Verhältnis zu ihnen. Mein Vater war sehr fürsorglich und hat uns immer sehr gut behandelt. Von daher denke ich, die Beziehung wieder aufzubauen war gar nicht so schwierig. Ich hab zu meiner Mutter früher Abla gesagt bei uns. Mutter heißt ja Anne. Anne ist ein alttürkisches Wort. Ich hab aber zu meiner Mutter Abla gesagt, große Schwester heißt das. Auf dem Hof, wo wir zusammengelebt haben, in dem Dorf, haben meine Tanten, von meinem Vater die Schwestern, und seine Brüder zu meiner Mutter Abla gesagt, also große Schwester. Und deswegen haben wir uns daran gewöhnt, zu ihr Abla zu sagen. Als ich nach Deutschland kam, sagten alle Mutter. Und da musste ich auch erstmal lernen, Mutter zu sagen. Das hat lange gedauert, bis ich mich umstellen konnte.

Was hast du zu deinem Vater gesagt damals? Einfach Papa. Das war klar. Ja. Und es ist ja auch ein ganz einfaches Wort, find ich, Papa. Es gab keine Probleme in unserem Familienleben, mit meinen Eltern, und wir haben auch viel zusammen unternommen. Zum Beispiel an Wochenenden sind wir zu Besuchen gegangen, zu anderen Verwandten, Bekannten und zu Festen, zu Hochzeitsfeiern und Verlobungen. Wir haben alles zusammen unternommen, die ganze Familie. Das war das Schöne daran. Und da fühlte man sich auch wie in einer Familie, da sagte man, das ist eine Familie, die tut was zusammen. Bei manchen ist es ja so, dass der Vater nur noch vor der Glotze sitzt und kümmert sich gar nicht um die Kinder. Meine Eltern haben uns immer mitgenommen, sind gern ausgefahren und haben uns mit anderen Leuten bekannt gemacht. Bei uns ist das ja so, wenn Ältere sich über irgendein Thema unterhalten, haben die Kinder zuzuhören. Und wir haben auch gerne zugehört, worüber die gesprochen haben, egal ob es eigene Probleme gewesen sind in Deutschland oder auch in der Türkei, über die Verwandtschaft, darüber, was alles passiert, wenn sie mal in Urlaub fahren, und solche Sachen. Die haben sich unterhalten, und natürlich kam die Zeit, wo wir uns auch mal ein bisschen in Themen eingemischt haben, wenn wir was dazu sagen konnten. Aber nicht so, dass wir dann irgendwie aufdringlich waren oder die bei dem Thema stören wollten. Eher haben wir uns auch mit den Kindern von anderen Familien zusammengesetzt und über eigene Probleme oder Ziele oder Vorstellungen gesprochen. Und wenn in der Familie ein Thema aufkam, dann waren es oft alte Geschichten, die sie erzählt haben. Da haben wir schön mitgelacht und mitgeredet und gefragt, wie es war. Meine Eltern hatten keine große schulische Ausbildung, in der Hinsicht konnten sie uns gar nicht weiterhelfen. Sie haben gesagt: Solange es in unserer Macht steht, helfen wir euch, geht mal zur Schule und lernt einfach was.

Du bist mit dreizehn Jahren nach Deutschland gekommen. Deine Kindheit und frühe Jugend hast du also in der Türkei verbracht. Darüber möchte ich gern viel von dir erfahren. Wo hast du gelebt, wie sah euer Haus, wie sah das Dorf aus? Erzähl bitte. Ich bin geboren in einem Dorf ganz weit hinten in Anatolien, in der Osttürkei, das ist an der Grenze zum Iran, zu Aserbaidschan und zu Armenien. In der Nähe ist der größte Berg der Türkei, der Ararat. Wir haben in einem Tal gelebt, die Umgebung war voller Berge. Die Grenze zwischen Russland oder Armenien und der Türkei ist ein Fluss, und unser Dorf lag so vier, fünf Kilometer von dem Fluss entfernt. Man konnte über die Grenze, über den Fluss sich mit anderen Menschen vom anderen Land verständigen, weil die auch ungefähr die gleiche Sprache hatten wie wir. Meine Vorfahren sind Aserbaidschaner, mein Großvater und seine Eltern sind von Aserbaidschan rübergewandert in der damaligen Zeit, als der Erste Weltkrieg war. Mein Großvater hatte eine Kurdin geheiratet, die kam aus dem iranischen Gebiet. Wir hatten einen aserbaidschanischen Dialekt und haben uns sehr gut verständigen können mit Aserbaidschanern. An der Grenze von Armenien haben auch viele Aserbaidschaner gelebt, und mit denen konnten wir uns also auch verständigen.

Wir haben in einem kleinen Dorf gelebt, in einer flachen Landschaft, es waren keine Wälder da, wie man es eigentlich gewohnt ist hier in Deutschland, aber viele Felder und Bäume. Es gab viele Baumwollfelder, Maisfelder, auch Melonenfelder, und es gab sehr gute, fruchtbare Erde. Die Menschen waren hauptsächlich Bauern. Meine Eltern, mein Vater und seine Geschwister – sie sind vier Brüder und vier Schwestern gewesen, also es war eine große Familie –, die haben alle auf einem Bauernhof gelebt, aber in verschiedenen Häusern.

Die Häuser in unserem Dorf waren alle aus Lehm gebaut. Dieser Lehm wird mit Stroh vermischt, daraus werden die Steine hergestellt, und damit haben sie dann gebaut. Die Dächer werden mit Hölzern zugemacht und mit Stroh zugedeckt, obendrüber noch mal mit Sand bedeckt. Die Häuser hatten maximal zwei oder drei Zimmer auf einer Ebene. Zweistöckige Häuser oder so was gab's nicht, die sind erst viel später gekommen, als Backsteine und solche Sachen auf dem Markt waren. Mein Vater hat selber unser Haus damals gebaut. Der Hof war groß, und jeder Bruder konnte selber sein eigenes Haus bauen. Meine anderen Onkel hatten auch ihre Häuser, jeder hat natürlich getrennt gelebt, also vom Schlafher, aber alles, was sie gemacht haben, ist in einen Topf geworfen worden.

Mein Opa ist viel früher gestorben, bevor ich auf der Welt war, und meine Oma war das Oberhaupt in der ganzen Familie. Und die hat das alles organisiert. Die ist eine fabelhafte Frau gewesen, sie war die Dorfhebamme, sie war die Künstlerin, die diese Brennstoffe von Tiermist gemacht hat und solche Hügel aus den geschnittenen Stücken. Der Mist von den Tieren auf dem ganzen Hof wird gesammelt und immer wieder gepresst. Irgendwann ist er dann fest. Und nach einer Zeit, wenn er wirklich auch über die Sommerzeit trocken bleibt, schneidet man ihn wie Kuchenstücke in Würfelweise, und daraus baut man solche Hügel. Außenrum wird dieser Tiermist noch mal isoliert, damit kein Regen reinkommt. Dann macht man so eine Tür auf von der Seite und holt den

Mist aus dem Hügel raus, er ist getrocknet, und man kann ihn als Brennstoff, als Holz, verwenden. Wir haben Heizöfen gehabt, es gibt ja auch heute noch keine Heizung, das ist unvorstellbar drüben, aber mit diesem Mist und ein bisschen Holz noch dazu hat man die Öfen eben angemacht und die Häuser geheizt, auch die Backöfen. Darin wurden die Brote gebacken. Und meine Oma war, wie gesagt, die Hauptfigur in der ganzen Familie und hat das alles organisiert.

Wir hatten eigene Felder, die wir bepflanzt haben mit Roggen und Mais und solchen Sachen oder Baumwolle oder Zuckerrüben. Die Felder wurden immer von Menschenhand bearbeitet. Wenn sie belüftet werden mussten, haben sie das Hacken selber mit der Hand gemacht, und dabei haben die Dorfbewohner sich immer gegenseitig geholfen. Wenn jemand mit seinem Feld dran war, dann haben sich Frauen oder Männer zusammengetan, sind auf das Feld gegangen und haben es fertig gemacht. Das ging schnell, und sie haben zusammen Hand in Hand gearbeitet und auch mit Spaß und Gesang, das gehörte dazu, so haben sie alles fertig gemacht. Abends sind sie wieder nach Hause gegangen, und dann kam die andere Arbeit zu Hause: Brot backen, Kinder verpflegen, Tiere füttern und solche Sachen. Es gab maximal 150 bis 200 Einwohner im Dorf. Und natürlich hat jeder sein Haus da gebaut, wo es für ihn am günstigsten lag. Die nah zueinander waren, die haben sich in Gruppen zusammengeschlossen. Dann waren auf einem Feld immer 5 bis 15 Frauen oder Männer. Manchmal sind die Verwandten vom Nachbardorf rübergeholt worden. Die jungen Mädchen und jungen Männer haben immer mitgeholfen und alles zusammen Hand in Hand gemacht. So war man nicht allein, und wenn auch einer krank wurde, dann hatte man weniger Probleme, weil man sich gegenseitig helfen konnte. Das war eigentlich der Hauptpunkt.

Ich bin in dem Dorf groß geworden. Da haben die älteren Kinder auf die Kleinen immer aufgepasst, also das war so ein Zusammenleben wie in einer Großfamilie. Gegessen haben wir immer alle zusammen, und die Tiere wurden von etwas älteren Kindern, ab sechs, sieben Jahren, in Sommerzeiten auf die Felder geführt und gefüttert.

Was für Tiere hattet ihr? Wir hatten Rinder und Schafe. Mein Onkel hatte viele Schafe, die er über die Sommerzeit, genauer gesagt von Anfang Frühling bis Mitte Herbst, auf die Berge geführt und da gefüttert hat. Die haben dort in Zelten gelebt und haben Käse, Butter und solche Sachen hergestellt. Die Felle von den gestorbenen Tieren, die haben sie dann gelagert und später wieder runter zum Dorf mitgebracht. Irgendwann sind sie dann in die Stadt gefahren und haben verkauft und alles, was sie für ihren Lebensunterhalt brauchten, in der Stadt geholt. Früher war das natürlich viel schwieriger, die Verkehrsmöglichkeiten waren überhaupt nicht gegeben. Die sind mit Tieren losgezogen und brauchten über einen Tag, bis die in der nächsten größeren Stadt waren, wo sie dann ihre Sachen besorgen konnten. Ochsenkarren sind das gewesen. Mit denen sind sie losgefahren. Ich bin auch öfters mit denen gefahren, daran kann ich mich gut erinnern. Das war eigentlich unser Hauptverkehrsmittel. Und es war so, meine Eltern waren nicht sehr reich, aber was sie brauchten zum Leben, zum Essen, Trinken, das hatten sie schon alles. Zum Anziehen weniger. Aber das ging eigentlich.

Wir sind in der Natur aufgewachsen, da gab's kein Fernsehen, keine Autos, keine großen Spielzeuge. Was man heutzutage so sieht und sich vorstellt, das gab es damals gar nicht. Auch kein Radio, keine Elektrizität. Wir haben Öllampen gehabt, eine Lampe in einem Zimmer hat uns gereicht, und meistens haben alle in einem Zimmer geschlafen. Wir hatten eine Holzbank, die ziemlich groß war, und da hat man Betten draufgelegt. Das war wie ein großer Tisch, der ungefähr 50 bis 60 cm hoch war. Darüber hat man Decken und Stoffe gelagert, und darauf hat man geschlafen. Wenn der Platz nicht mehr reichte, hat man auf dem Boden geschlafen.

Kinder und Eltern, alle zusammen in einem Zimmer? Alle in einem Zimmer. Es gab ja keine Räumlichkeiten wie hier. Dass jedes Kind sein Zimmer hat, das war einfach unvorstellbar. Wir hatten eine Küche, wo nur ein Herd drinstand. Wir hatten solche Backöfen, die in die Erde gestemmt waren, da wurde das Essen und Wasser gekocht. Im schlimmsten Falle haben sie auf dem Hof drei oder vier Steine hingelegt und da Feuer gemacht und Wasser gekocht. Selbst diese Heizöfen gab es ganz wenig, viele konnten es sich nicht mal leisten, sie zu kaufen. Aber in dem Haus, wo meine Großmutter gewohnt hat, gab es einen, und später haben meine Eltern auch einen gekauft.

Als kleine Kinder hatten wir nicht allzu große Pflichten. Aber vom sechsten oder siebenten Lebensjahr an hatten viele Kinder schon ihre Aufgaben auf den Feldern oder zu Hause, wenn Tiere da waren. Sie mussten beim Füttern und im Haushalt helfen, zum Beispiel beim Wäschewaschen. Da gab es keine Waschmaschine, nichts, sie haben alles mit der Hand gewaschen. Wir hatten vor unserem Hof einen kleinen Fluss, der da vorbeifließt, da haben sie ihre Wäsche gewaschen und auch das Geschirr.

Der kleine Fluss floss durch unser Dorf, und am anderen Ende war noch ein kleiner Bach, mit dem man die Felder bewässern konnte. Dazu wurden Kanäle gegraben. In Frühlingszeiten haben die Männer diese Kanäle dann immer gesäubert. Im Laufe des Jahres hatten sie viel Schlamm mit sich geschleppt und wurden immer voller. Das Wasser kam nicht mehr gut durch. Deshalb wurden von da an, wo der ganz große Fluss anfing, bis zu ihrem Dorf, bis zu ihren Feldern, immer diese Kanäle wieder frei gemacht. Und eine 20 bis 30 cm dicke Schicht von Schlamm wurde aus den Bächen ausgegraben. Das hat natürlich viel Spaß gemacht, wir konnten im Schlamm, in der ganzen Matsche spielen. Die Männer haben zusammen gearbeitet, wie ich erzählt habe. Da waren 30 bis 40 Männer, vielleicht noch mehr, weil auch die Männer aus anderen Dörfern dazukamen, und jeder hat sich, sagen wir mal, 15 m vorgenommen, bis die fertig waren, und dann die nächsten 15 m. Immer drei bis vier Männer haben nebeneinander mit der Schaufel gearbeitet und diese Kanäle gegraben.

Das war Männerarbeit? Das war Männerarbeit. Für Frauen war das zu schwer. Die Männer sind immer morgens früh um fünf Uhr losgezogen und haben bis abends sechs, sieben oder acht Uhr gearbeitet, und das an zwei bis drei Tagen in der Woche, damit sie ihre Felder bewässern konnten. Ja, und die Ernte einholen und verarbeiten, das war mehr oder weniger auch Männerarbeit. Die Tiere wurden von den Frauen gemolken, und viele harte Arbeiten auf dem Hof haben die Frauen gemacht. In Frühlingszeiten war es immer so, dass die Schafe ihre Kinder bekommen haben, und die mussten unbedingt verpflegt werden. Was zu Hause an Käse und Butter gemacht werden musste, das haben die Frauen meistens gemacht. Und so war die Aufgabenaufteilung geregelt. Die Hackarbeiten haben zu 90% die Frauen gemacht. Die Pflanzen werden ja erst gewässert und dann gehackt, das wird im Jahr ein- oder zweimal gemacht pro Feld, je nach Bedarf. Wenn die Pflanzen noch ziemlich klein sind, vier bis fünf Zentimeter etwa, werden sie zum ersten Mal gehackt, Zuckerrüben, Mais, Wassermelonen.

Und ihr Kinder seid im Dorf geblieben? Die Felder waren nicht allzu weit entfernt, das konnte man gut bewältigen. Wir sind losgezogen, wir mussten nicht immer dabeibleiben. Die Kinder, die etwas älter waren, etwa ab vier, fünf Jahren, die sind zum Schwimmen gegangen, in Sommerzeiten natürlich. Wir haben unseren Spaß gehabt. Wenn wir unterwegs waren zum Feld, dann haben wir erst mal gebadet. Und wenn wir zurück waren vom Feld, haben wir wieder gebadet, und wenn wir mit den Tieren losgezogen sind, dann haben wir auch unseren Spaß gehabt. Wir haben versucht, unsere Spielzeuge selber zu schnitzen. Aus Zuckerrüben haben wir Räder gemacht und so zwei Hölzer eingespannt, und mit so einem langen Stiel haben wir dann versucht, so ein Rad zu führen. Oder wir haben im Schlamm gespielt.

Mein Vater ist nach Deutschland gekommen, als ich fünf Jahre alt war. Die Ernte reichte nicht, und die Familie wurde immer größer. Die hatten ja nicht noch mehr, von denen sie profitieren konnten. Da war keine Zukunftsperspektive mehr für uns. Mein Vater war nicht mehr in der Lage, die ganze Familie, die immer größer wurde, zu ernähren und die Kinder anzuziehen. Es reichte nicht, und deswegen musste er irgendwie eine andere Lösung finden. Da gab es damals die Möglichkeit, dass viele ausländische Arbeiter in Deutschland gebraucht wurden. Dann hat mein Vater beantragt, dass er dahin wollte, und mit fünfunddreißig Jahren ist er nach Deutschland gegangen. Danach sind wir mit meiner Mutter erst mal ein Jahr im Dorf geblieben. Und ein Jahr danach hat mein Vater in der nächsten großen Stadt ein Haus gekauft.

Dann musste ich zur Schule, die Zeit war gekommen. Ich war sechs Jahre, aber laut Pass war ich jünger geschrieben. Früher hatten meine Eltern auch Kinder verloren, die schon auf der Welt waren, und meine Mutter hatte ein paar Fehlgeburten gehabt. Es gab damals keine Verhütungsmittel, oder die waren nicht so gut aufgeklärt über die Sache. Das ist wahrscheinlich immer noch so in der Türkei in bestimmten Regionen, wo viele Frauen viele Kinder bekommen müssen. Die Verkehrsmittel waren nicht so gut, die staatliche Organisation war nicht so gut, deswegen konnten sie die Kinder nicht sofort, wenn sie auf die Welt gekommen waren, wie hier beim Standesamt anmelden. Daher haben die gesagt: Wir machen das alle zwei, drei Jahre einmal und nehmen viele Kinder zur Anmeldung mit. Das heißt, sie haben uns nicht mal mitgenommen, sondern nur aufgelistet, welches Kind von welchem Jahr ist ungefähr, dann sind die hingegangen und haben gesagt: Der ist dann und dann geboren, der ist ungefähr dann geboren. Aber das genaue Datum haben sie nie festgehalten. Manchmal wussten sie es nicht mehr genau, dazwischen war ja vielleicht ein Kind gestorben und dann noch eins. Vielleicht haben dann die Beamten einfach ein Datum ausgesucht, das so ungefähr passte.

Als ich in die Schule kam, war ich auf dem Pass erst fünf Jahre alt. Die wollten mich erst mal natürlich nicht aufnehmen, und dann hat meine Mutter sie überredet, dass ich dann allein zu Hause wäre und dass ich darum doch zur Schule müsste, und es wäre besser, weil meine Geschwister auch da waren, mein älterer Bruder und meine ältere Schwester, und ich sollte mit denen mitgehen. Dann haben die mich auch aufgenommen. Als meine Mutter mich zur Schule bringen wollte, wollte ich gar nicht hin eigentlich, sie hat mich hingezerrt, und als ich in der Schulklasse saß, wollte ich mit niemandem sprechen und kein Wort sagen, und ich hab nur nach unten geguckt, nicht mal meinen Lehrer vernünftig angeguckt. Irgendwann hat der mich zu seinem Tisch gerufen und wollte meinen Namen wissen. Ich konnte ihn nicht so richtig aussprechen oder habe so vor mich hin genuschelt, und er hat dann irgendwann gesagt: »Du heißt Aytekin.« Er hat also nicht mal meinen richtigen Namen aufgeschrieben, und seitdem ist mein Spitzname Aytekin geblieben.

Die Schule war sehr schön, ruhig gelegen, es gab auch viele Bäume und vor dem Gebäude eine große freie Fläche, mit Sand und Kieseln, damit auch in der Regenzeit kein Schlamm entstehen konnte. Die Schule ging von der ersten bis zur fünften Klasse, und es gab zwei Schichten. Eine Schicht ging von morgens früh bis mittags 12.30 Uhr, und die andere Schicht fing um ein Uhr an und dauerte bis vier oder fünf Uhr. Jeder Lehrer hatte seine eigene Klasse, die er meistens in der ersten Klasse übernommen und bis zur fünften betreut hat. Es gab keine zusätzlichen Lehrer. Falls Lehrer krank wurden, unterrichtete der Direktor, oder man hat versucht, Hochschulschüler ranzuholen, die dann den Unterricht weitergemacht haben.

Unser Lehrer war ein sehr netter Mensch, ein väterlicher Typ mit einem leicht dicken Bauch. Irgendwann waren wir sehr vertraut miteinander, ich fand ihn sehr nett, und deswegen habe ich nie Probleme gehabt. Mit den Aufgaben war er auch streng, aber nicht so wie die anderen, von denen ich von anderen Schülern gehört habe. Die waren viel strenger. Ich hab Glück gehabt mit meinem Lehrer. Es gab viele Prügelstrafen, das hab ich auch noch erlebt. Wenn man frech war, sich nicht vernünftig benommen oder seine Aufgaben nicht gemacht hat, gab es je nachdem verschiedene Prügelstrafen. Das war gang und gäbe, und keiner kam auf den Gedanken, sich dagegen zu wehren, und die Eltern waren auch damit einverstanden. Bei uns gab es sogar ein Sprichwort. Die Eltern sagten meistens zum Lehrer: Das Kind gehört Ihnen, das Fleisch gehört Ihnen, die Knochen uns.

Was heißt denn das? Das heißt: Er kann uns so erziehen, wie er möchte, Hauptsache, dass wir nicht sterben. Wenn Prügelstrafe erforderlich ist, soll er das auch machen. Nicht, dass die Eltern nichts von ihren Kindern wissen wollten, sondern sie meinten, dass die Erziehung von den Lehrern besser durchgeführt werden konnte als von ihnen. Sie hatten keine schulische Ausbildung, sie kannten sich im Leben nicht so aus, sie waren Bauern und hatten keine Möglichkeiten, die Kinder selber zu erziehen. Darum hatten sie viel Vertrauen zu den Lehrern, und daher kommt auch dieser Spruch.

Im ersten Jahr hab ich noch kaum lesen können, aber später war ich einer der besten Schüler in der Klasse, ich hatte ein sehr gutes Verhältnis zum Lehrer, habe nur ganz selten eine Prügelstrafe von ihm gekriegt, weil ich nur selten und nur ein bisschen frech war. In den Pausen haben wir viel Randale gemacht, wie in allen Schulen üblich. Wir haben versucht, einen Hügel zu erobern oder zu verteidigen, mit Schubsen, Runterzerren und solchen Sachen, wir haben viel Fußball gespielt, und es gab immer wieder Rangeleien. Ich hatte viel Pech, viele Verletzungen, einmal bin ich bin vom Baum gefallen, einmal bin ich auf eine Glasscherbe gestürzt und habe mir die Hand aufgeschnitten, so was kam öfter vor. Ich war auch nicht so ein sauberes Kind, ich war eins von den dreckigsten und fühlte mich dabei sehr wohl.

Als ich mit der ersten Klasse fertig war, ging meine Mutter auch nach Deutschland. Und dann sind wir bei meiner Oma geblieben.

Also habt ihr wieder im Dorf gelebt? Nein, unsere Oma ist zu uns rübergekommen in die Stadt, damit wir unsere schulische Ausbildung in der Stadt dann weitermachen konnten. Wir waren sechs Kinder, meinen jüngsten Bruder hatte meine Mutter mitgenommen, weil er erst ein Jahr alt war. Also waren wir fünf Kinder und unsere Oma.

War das schrecklich für euch, als die Eltern weggegangen sind? Am Anfang ja. Sie fehlten uns natürlich. Das ist nicht so einfach gewesen, aber wir hatten einen sicheren Rückhalt, weil unsere Großmutter da war, die wir ja auch von früher her kannten und die uns auch im Dorf immer gepflegt und gut beschützt hatte. Sie war eine sehr begabte Frau. Sie konnte alles, was Nähen, Stricken, Kochen und solche Sachen betrifft. Ihr Mann war früh gestorben. Sie hat auch sehr vielen anderen Menschen geholfen bei Krankheiten, sie hat selber eigene Medikamente hergestellt und auch vielen Frauen geholfen, die keine Kinder kriegen konnten. Sie hat irgendwie ein Mittel hergestellt aus Früchten und Pflanzen, das dann den Frauen geholfen hat, später Kinder zu bekommen.

Sie war also so etwas wie Hebamme und Naturheilerin und Dorfchefin und Ersatzmutter in einer Person, deine Großmutter. Ja, und sie ist auch immer wieder zu den Hochzeiten eingeladen worden. Die wurden groß gefeiert, drei Tage und drei Nächte damals, und sie ist die Chefköchin gewesen, sie hat die ganzen Töpfe beobachtet und immer gesagt, wie es gemacht werden sollte. Sie hat das auch immer gern gemacht, mit Herz und Seele. Oft ist sie tagelang weggereist von zu Hause, um in anderen Dörfern anderen Menschen zu helfen, wenn sie in Not waren, als Hebamme und so weiter. Obwohl wir in einer Stadt waren, kamen trotzdem die Leute aus den Dörfern zu uns und holten meine Großmutter weg.

Wie habt ihr euch dann geholfen, habt ihr euch selbst versorgt? Meine ältere Schwester war damals zwölf oder dreizehn Jahre alt, und sie konnte schon wie eine Frau den Haushalt führen. Als wir in der zweiten oder dritten Klasse waren, sind aus anderen Dörfern andere Schüler zu uns gekommen, in unser Haus, die dann mit uns zur Schule gegangen sind, weil sie in den Dörfern schlechte Möglichkeiten hatten, in die Schule zu gehen. Wir waren ungefähr neun Kinder in dem Haus. Und auf dem Hof, in den Baracken, da haben jeweils immer drei Schüler gewohnt, die zum Gymnasium gingen. Die haben Verpflegung von zu Hause mitgebracht zur Unterstützung, damit meine Oma nicht so viel Arbeit hatte. Wir haben uns gegenseitig schulisch unterstützt, das klappte eigentlich ganz gut. Wenn wir Schwierigkeiten hatten, konnten wir diese Gymnasiasten fragen, die haben uns dann auch geholfen. Das war für uns wie ein Jugendheim oder so was Ähnliches, für uns eine glückliche Sache. So eine Gelegenheit hat nicht jeder. Das war eine sehr schöne Zeit für mich. Bis ich im 7. Schuljahr war, haben wir zusammengewohnt, und wir haben uns auch sehr gut verstanden. Der eine war besser in der Schule, der andere schlechter – jeder nach seiner Stärke und seinem Charakter. Ich konnte sehr gut zeichnen und auch schreiben, ich hatte eine schöne Schrift ...

Du bist ja auch nicht umsonst ein Profi geworden auf dem Gebiet. Mein Lehrer war auch immer begeistert von meiner Schrift. Der hat mich natürlich »umgelernt«, ich war Linkshänder und musste dann unbedingt rechts schreiben. Am Anfang war das ein bisschen schwierig, aber er hat es mir immer wieder gezeigt, auch wie man gut zeichnen kann, und ich hab mir natürlich auch Mühe gegeben. Er war für mich ein vorbildlicher Mensch und ein sehr väterlicher Mensch, wie gesagt, und ich hab bei ihm sehr gut gelernt. Mein erstes Ziel war auch, Lehrer zu werden, weil ich ihn ja als Vorbild hatte, wie er mit den Schülern umging im Vergleich zu vielen anderen Lehrern. Die Prügelstrafen haben mir nicht viel ausgemacht. Eher hat mein Lehrer mir dadurch noch ein bisschen mehr beigebracht, weil ich immer sagen konnte: Doch, das ist meine Schuld gewesen, ich bin also nicht umsonst bestraft worden. Ja, die Grundschulzeit war sehr schön. Dann kam ich in die Hauptschule, und da lief es auch ganz gut. Nur, da gab es die Probleme mit dieser Rechts- und Linkspolitik in der Türkei. Das war in den Jahren 77/78.

Was für ein Problem war das bei euch in der Schule? Es ist so weit gekommen, dass man über Politik nicht mehr sprechen konnte. Viele wussten überhaupt nicht, worum es geht, meiner Meinung nach. Manche waren Rechte, manche Linke, manche Halbrechte oder Halblinke. Sie haben sich Gruppen zugeordnet, und die haben miteinander nie vernünftig diskutieren können. Die haben Randale gemacht, bei jeder Diskussion gab es Schlägereien, und das wurde immer schlimmer. Ich stand in der Mitte. Wir haben in einem

Viertel gewohnt, wo mehr Linke waren, aber mein Bruder war in der Zeit in einer Hochschule in einer anderen Stadt mitten unter den Rechten. Das Schlimmste war: Wenn man auf der Straße lief, kam jedes kleine Kind und fragte, in welcher Partei man wäre. Wenn's die falsche war, wurde man angemacht. Das hat mich damals so ruiniert, so gestört, weil so viele Kinder hineingezogen worden waren. Es gab viele Schlägereien auf den Straßen, in den Schulhöfen und 78/79 ist es so schlimm gekommen, dass es Straßenschlachten gab, Schießereien und Überfälle in Wohnvierteln. Wir hatten Schüler bei uns, die mehr rechtsorientiert waren. Wir haben in einem Viertel gewohnt, das linksorientiert war. Und wir haben Androhungen gekriegt, also die Schüler haben Androhungen gekriegt, falls sie nicht da wegziehen, dann wird ein Bombenanschlag stattfinden. Es kam die Zeit, wo wir wirklich richtig verwirrt waren und nicht mehr wussten, was wir machen sollten.

Und deine Oma, was hat die zu dem Ganzen gesagt? Die hatte überhaupt keinen Drang zur Politik, und die hat das totalen Unsinn gefunden. Sie hat jedem Menschen geholfen, nicht Rechten oder Linken, sie hatte ja überhaupt keine Vorstellung von so was. Vielleicht hat man uns auch wegen ihr geschont, denke ich. Auf der Straße auch und in der Umgebung war sie ein Mensch, vor dem alle Achtung hatten und den alle kannten. Wer sie kannte, kannte uns auch, und daher hatten wir das Glück, nicht unbedingt zu einer Partei gehören zu müssen.

Im Jahre 78 passierte das Unglück, dass meine Oma sterben musste. Sie hatte einen Schlaganfall, und irgendeine Ader im Hirn war geplatzt. Die medizinische Versorgung in der Türkei ist ja nicht so gut, in ganz großen Städten wie Ankara vielleicht schon, aber da, wo wir gewohnt haben, in der Osttürkei, war sie sehr schlecht. Und daher musste sie sterben. Und meine Eltern waren dann ratlos, sie wussten nicht, was sie machen sollten. Uns Kinder ganz allein lassen wollten sie nicht, und dann haben sie gesagt, wir holen die nach Deutschland. Mein Vater hat erst meine ältere Schwester mitgenommen und anschließend meinen Bruder, weil er schon im Hochschulalter war und die Eltern wirklich Angst hatten, dass er auch da hineingezogen werden könnte in diese Rechts-, Linksgeschichte. Die beiden jüngeren Kinder blieben in der Türkei. Ich hab gesagt, ich bleib noch da, ich wohne bei meiner Tante und werde dann noch die zweite Klasse der Hauptschule fertig machen, und dann gehe ich rüber. Ja, und in dem halben Jahr habe ich ganz schlimme Sachen erlebt. Auch im Dorf von meiner Tante, wo ich wohnte, gab es Straßenschlachten. Die Jugendlichen von achtzehn bis zweiundzwanzig oder fünfundzwanzig haben sich bewaffnet mit Schlagstöcken und Messern und sind von Straße zu Straße gezogen. Verwandte kämpften gegeneinander, fast sogar Brüder. Eine andere Tante von mir hatte neun Söhne, die kämpften gegeneinander. Die hatten früher aus einem Topf gegessen, und dann innerhalb von kürzester Zeit mussten sie sich auf der Straße prügeln.

Dann kam der Militärputsch, und dann haben meine Eltern mich hierher geholt und ich habe mit meinem Leben weitergemacht, das dann kam. Ich hab aber auch sehr viel gelernt aus dem, was ich in der Türkei alles erlebt habe.

Was war für dich, rückblickend gesehen, das Wichtigste in deinem Leben in der Türkei, das, woran du dich noch heute orientierst? Ich habe von meinem Lehrer gelernt, wie man mit Schülern umgehen muss. Ich habe von meiner Oma gelernt, wie sie den Menschen geholfen hat, ja, wie man mit den Menschen umgeht, sich mit ihnen wirklich gut verständigen kann, egal in welcher Lage und ob sie arm oder reich sind. Ich habe in meinem Dorf gelernt, wie man als armer Mensch leben kann und damals leben musste. Und das waren natürlich für mich die Voraussetzungen für die Zukunft, ich konnte mir daran ein Beispiel nehmen und meine Lehre daraus ziehen. Ich kann mich an jede Zeit anpassen, auch, wenn es darauf ankommt, in schlimmen oder armen Zeiten zu leben. Die Beispiele können mir helfen, optimistisch in die Zukunft zu schauen und vieles besser zu machen. Ich hatte meine Vorbilder, zum Beispiel meinen Bruder. Er war ein erfolgreicher Schüler und ein sehr gut aussehender junger Mann, und ich dachte: Ich möchte auch so schön sein. Er konnte sehr gut malen und zeichnen, und ich dachte: Mensch, ich muss auch mal so schön malen und zeichnen können. Ich habe mir auch immer wieder Mühe gegeben und gearbeitet und versucht, immer wieder das Beste daraus zu machen.

Deine Vorbilder waren also der Lehrer, die Großmutter, der ältere Bruder. Deine Eltern auch? Ja, auch. Mein Vater, das sag ich immer wieder, ist für mich ein goldwerter Mensch. Ich kann mich wirklich nicht erinnern, dass ich von ihm irgendwann mal geprügelt worden bin. Wir hatten ja auch gar nicht die Zeit dafür. Aber auch später in Deutschland hat es nie diese Tradition gegeben, dass mein Vater mich schimpfen oder schlagen musste. Wir haben ein sehr gutes, freundschaftliches Verhältnis. Wir sind natürlich nicht so Arm in Arm rumgelaufen, ich kann mich auch kaum erinnern, dass wir uns mal richtig umarmt haben. Früher haben viele junge Familien nie ihre Kinder auf den Arm genommen vor ihren Eltern. Heutzutage kann ich meine Kinder vor meinen Eltern und neben meinen Eltern auch lieben und mit denen spielen, das hat sich alles geändert und ist viel besser geworden. Ich kann vielleicht jetzt mal meine Mutter umarmen und mal auf die Backe küssen. Früher war das tabu.

Ein anderer Bereich, über den ich gern mehr erfahren würde, ist die Religion. Welche Rolle hat sie in deiner Kindheit gespielt? Wie bist du in sie hineingewachsen? In der Schule haben wir Religionsunterricht gehabt. Wir haben die religiöse Geschichte, die islamische Religionsgeschichte, gelernt und dann diese Suren, nicht viele, nur bestimmte. Ein Muss war nie da, dass wir unbedingt im Religionsunterricht oder auch in der Schule beten mussten. Wir haben etwas anderes gemacht in der Schule. Jeden Freitagnachmittag, wenn die Schule zu Ende war, haben wir uns vor der Schule versammelt, alle Schüler, und die Nationalhymne gesungen. Und jeden Morgen, wenn wir zur Schule gingen, oder auch mittags, wenn wir Nachmittagsschicht hatten, gab es zwei verschiedene Gedichte, die man als Jugendlicher auf sich genommen hat als Verpflichtung, dass man sehr fleißig sein und die Jüngeren beschützen und die Älteren achten möchte. Solche Gedichte haben wir dann vorgelesen in der Schule oder nicht gelesen, sondern zusammen gesungen. Das waren die einzigen Verpflichtungen, die wir hatten.

Was die Religion im privaten Leben betrifft, war das anders. Meine Großmutter ist zum Beispiel nach Mekka gepilgert und hat immer gebetet. Sie hat uns nie dazu gezwungen, dass wir unbedingt mitbeten mussten. Als Kinder haben wir natürlich Interesse daran gehabt. Also haben wir uns neben sie gestellt und haben versucht, die Gebete mitzusprechen. Wir wussten natürlich die Regeln nicht, wie man ein Gebet ausführt. Aber so nach Lust und Laune haben wir mit ihr mitgemacht. Dann gab es diese religiösen Feiertage, die in der Region, in der ganzen Türkei, groß gefeiert werden, so wie bei euch Weihnachten oder Ostern. Da sind wir natürlich auch zur Moschee gegangen und haben Gebete und die Erzählungen, also Predigten, gehört, und das war unsere eigentliche Religionslehre. Der einzige Fehler, denke ich, war, von den Lehrern oder auch bei den Predigten, dass man nur arabisch lesen und lernen musste. Man muss diese Suren einfach arabisch lesen, und wenn man Gebete spricht, macht man das auch arabisch, ohne die Bedeutung richtig zu wissen.

Wir haben uns nie davor gescheut, in die Moschee zu gehen, wir haben auch nie die Verpflichtung gefühlt, dass wir unbedingt zur Moschee gehen müssten. Und ich denke, ich selber habe nicht so ein Riesenverhältnis zur Religion, aber ich habe in der Schule immer wieder gut aufgepasst, dass ich mitreden konnte über Religion, was die Einzelheiten betraf.

Die Religion spielt ja auch eine große Rolle im Alltagsleben. Da gibt es die Beschneidungs- und Hochzeitsfeiern und den Ramadan. Das gehört zum Leben, auch wenn man nicht so gläubig ist. So jedenfalls habe ich es von euch verstanden. Genau. Man versucht, wenigstens einen Teil davon zu machen. In jedem steckt irgendein Glaube, an dem man sich festhält. Ich habe auch meine Wünsche in dem Bereich, zum Beispiel, dass meine Kinder beschnitten werden, wie ich selber auch beschnitten bin.

Kannst du dich daran erinnern? Ich kann mich sehr gut daran erinnern, das war eine schöne Zeit. Meine ältere Schwester hatte ihre Hochzeit. Ich, mein Bruder und mein jüngerer Cousin von einem anderen Onkel, wir drei sollten zur gleichen Zeit beschnitten werden. Da gab es also ein großes Hochzeits- und Beschneidungsfest zusammen, ein Riesenfest, das drei Tage und drei Nächte ging. Da waren meine Eltern in der Türkei zum Urlaub, und wir haben viel Spaß gehabt bis zum Beschneidungstag. Man wird dazu erzogen, dass man mutig ist und dass man keine Angst haben soll und dass man die Schmerzen aushält, obwohl man ja betäubt wird, nicht am ganzen Körper, nur örtlich. Da gab es auch Publikum. Man macht es meistens im Kindesalter, wo man sich noch nicht schämen muss.

Das wird öffentlich gemacht, mit Zuschauern? Ja, da können viele zuschauen. Bei uns gibt es so etwas wie bei euch den Patenonkel. Der Junge hat so einen Bekannten als Patenonkel, der sich um dieses Kind, bis es dann gesund wird, sorgt und Geschenke besorgt. Der Patenonkel ist also noch ein Freund oder Verwandter mehr oder weniger. So wird das bei uns gemacht. Es war echt eine schöne Zeit, muss ich sagen. Man wird immer von allen Seiten beschenkt.

Ich erinnere mich gut an die Beschneidungsfeier für Yildiz' Bruder. Und da habe ich das mit dem Himmelbett erlebt. War das bei euch auch so? Nein, das wäre zu schwierig gewesen, weil die Verhältnisse nicht so gewesen sind wie hier. Man konnte sich nicht alles leisten. Aber man hat natürlich ein Bett fertig gemacht, wo der Junge hingelegt wird. Wir hatten ja nicht so schöne Betten, es waren, wie ich erzählt habe, so kleine Tische, eine Bank, auf die man seine Matratze legen konnte. Die sind alle meistens von meiner Oma gemacht worden, die hat selber die Matratzen und Decken gemacht und die Kissen und alles andere auch. Früher hatte sie auch sogar Teppiche geknüpft, als sie noch in ihrem Dorf war. Sie hatte uns natürlich schöne weiße Wäsche aufgezogen, die in der Mitte mit Rot geschmückt war. Für uns war das schön.

Da habt ihr drei Jungen da nebeneinander gelegen und hattet Schmerzen? Am ersten Tag nicht so, am zweiten Tag schon. Aber am zweiten Tag kann man schon laufen. Es war natürlich ein bisschen ungewohnt alles. Da hatte man so ein weißes, langes, rockartiges Kleid, wie man zum Pilgern geht, in dem man viel Luft kriegt. Mit engen Hosen darf man nicht rumlaufen, das geht ja auch nicht, und deswegen ging das. Man konnte die Schmerzen gut aushalten, das war überhaupt kein Problem.

Was hat man dir erzählt, warum das gemacht wird und was es bedeutet? Das ist die Verpflichtung, die Reinheit von Männern, das ist vorgeschrieben von der Religion her. Mohammed und seine Nachfolger sind auch beschnitten worden. Es ist von Gott an Mohammed weitergegeben worden, dass alle Männer beschnitten werden sollen.

Wer hat euch das erzählt, eure Eltern oder deine Oma oder wer? Nicht meine Eltern, das spricht sich schnell im Jungenalter rum, was das ist. Man spricht in Moscheen viel darüber, und wenn für den Sohn die Zeit kommt, redet man öfter darüber, damit es ihm eingeprägt wird, dass es so ist, dass es so gemacht wird, dass er sich einfach darauf einstellt.

Wie alt warst du, als du beschnitten wurdest? Ich war schon acht oder neun Jahre, mein Bruder war jünger und mein Cousin auch. Je später es wird, desto schwieriger ist das natürlich für einen Jungen. Man schämt sich auch irgendwann, alle sind beschnitten, du bist nicht beschnitten. Und man kommt dann auch in so einen innerlichen Zwiespalt, dass man sich nicht wohl fühlt.

Hat es ein Arzt gemacht? Es gibt bestimmte Personen, die darauf spezialisiert sind, die dann diese Beschneidungen machen. Die machen das sehr professionell, die wissen wirklich, was alles dazu gehört, und man hat überhaupt keine Sorgen oder Angst dabei. Heutzutage hier in Deutschland wird es von Ärzten gemacht. Selbst deutsche Ärzte machen es im Notfall. Wenn Kinder Schwierigkeiten mit dem Wasserlassen haben, dann wird es oft auch hier gemacht, und deswegen ist es auch kein Tabu mehr.

Du hast gesagt, die Feier dauerte drei Tage und drei Nächte. Was macht man denn da immerzu den ganzen Tag? Es ging ja nicht nur um die Beschneidungsfeier, sie war ja zufällig gleichzeitig mit der Hochzeit. Hochzeiten wurden drei Tage und drei Nächte gefeiert. Da kommen Gäste von den Dörfern von allen Seiten oder auch von den Nachbarstraßen und so weiter. Da wird jeden Tag gekocht, und eine Musikkapelle ist da, live natürlich wird dann die aktuelle Musik gespielt, also Lieder, die im Ort oder in der Region aktuell sind. Die kulturellen Tänze werden vorgeführt, natürlich von den Bewohnern selbst, da gab's keine Folklore oder so was, man hat immer die folkloristischen Tänze selbst aufgeführt. Ja, und viele Jugendliche und Jungen haben sich natürlich bei diesen Anlässe gesehen und auch kennen gelernt. Es gab viele, die dann von Nachbardörfern zu den Hochzeiten kamen, um Mädchen kennen zu lernen, die sie später vielleicht heiraten könnten. Und so ging das natürlich hin und her. Und deswegen auch drei Tage und drei Nächte. An bestimmten Tagen wurden bestimmte Regeln durchgeführt, so wie der Henna-Abend und so weiter. Das war eine schöne Zeit, für viele Jugendliche und Kinder ist es schön, mal so unter die Leute zu kommen und zu tanzen und zu spielen, alles gehört dazu. Und Essen gibt es immer wieder, weil die Veranstalter dafür sorgen, dass die Gäste immer wieder versorgt werden, und wenn Gäste von weitem kommen, dass sie auch übernachten können.

Das kostet ja wahnsinnig viel Geld. Das würde ich eher nicht sagen, weil die gegenseitige Unterstützung damals ja anders war. Wir hatten das Glück, dass meine Eltern ja hier in Deutschland waren und das ganz gut finanzieren konnten. Natürlich ist es für ärmere Leute schon schwierig, eine Riesenfeier zu machen, jeder macht es in seinem Rahmen, was er dann anbieten kann, also was die Tasche so rausbringt. Bei Hochzeiten ist es oft so, dass am ersten und zweiten Tag oder am zweiten Tag bis Mittag bei dem Mädchen gefeiert wird, und dann wird umgezogen, dann wird bei dem Jungen weitergefeiert. Und so lief das auch bei uns. Wir haben die ersten anderthalb Tage bei uns und dann die nächsten anderthalb Tage in einem anderen Dorf gefeiert, wo mein Schwager herstammt. Bei uns wurden Tiere geschlachtet, und dann war genug Fleisch da, zwei oder drei Schafe oder auch, wenn es sein musste, ein Rind wurde geschlachtet, und in Riesentöpfen wurde das Essen gekocht. Die nächste Hauptnahrung ist Reis gewesen, man hat einfach in Riesentöpfen, 20 bis 25-Liter-Töpfen, Reis gekocht. Reis war reichlich da, er wurde auch in den Nachbardörfern angebaut. Reis oder Brot, das war in der Türkei nie ein Problem. Das Brot wurde immer selbst gebacken, wenn man genug Mehl hatte, das war eigentlich kein Thema. Und da kommen natürlich viele Nachbarn oder Nachbarsfrauen, die dann beim Kochen und so weiter viel helfen, so wie meine Oma bei anderen Hochzeiten immer als Chefköchin überallhin reiste und dann den Leuten geholfen hat.

Gune Weihe:

Bei Aytekins Geschichte bekomme ich eine Ahnung von dem Glück, das er in seiner kleinen geborgenen Familien- und Dorf-Welt manchmal empfunden haben muss. Und auch eine Ahnung von nie hinterfragter ordnender Machtstruktur, die mich schon beim Zuhören aufbegehren lässt.

Ich wünschte, ich hätte seine Großmutter gekannt und könnte von ihr lernen – vielleicht auch ein anderes Verständnis von der Rolle der Frauen in dem Teil der türkischen Gesellschaft, in der Aytekin aufgewachsen ist und die ihn bis heute mit prägt.

Aytekins Kindheitsgeschichte ist für mich märchenhaft wie in Kinderzeiten »Tausendundeine Nacht« oder fremd und manchmal erschreckend wie damals »Durch's wilde Kurdistan«.

Für Yildiz, die in Deutschland geborene und aufgewachsene junge Türkin, ist sie seit ihrer Heirat mit Aytekin Teil ihres täglichen Lebens.

Yildiz erzählt von ihren Wegen zwischen Annemarie und ihrem türkischen Märchenprinzen.

»Ich weiß, dass ich alles auch selber packen kann«

Yildiz im Gespräch mit Gune

Annemarie hat erzählt, du seist ihr als ein ganz besonderes Kind aufgefallen, weil du dich allein in der Schule angemeldet hattest. Wie hast du das geschafft? Als ich auf der Grundschule war, war eine Lehrerin da, die gerade mit ihrem Studium fertig war. Sie hat sich ziemlich viel um mich bemüht und war ganz begeistert von der anderen Schule. Und da ich keine Unterstützung von meinen Eltern oder sonst jemandem bekommen habe, meinte sie, dass ich da gut aufgehoben wäre. Und dann habe ich mir das so für mich überlegt und wollte dann mit ihr den Aufnahmebogen ausfüllen.

Du hast gesagt, du hast dir für dich überlegt, ob du auf diese Schule wolltest. Wie alt warst du da? Elf Jahre. Es waren Nachbarskinder auf der Schule, und ich hatte so ein bisschen mitbekommen, wie das da abläuft. Ohne Druck und mit freiem Lernen. Und da meine Eltern ja auch über mich nichts bestimmt hatten und sich eigentlich ziemlich aus der Frage herausgezogen hatten, wo ich hinkomme, habe ich einfach so für mich gedacht, ich probiere das mal.

Du sagst, deine Eltern haben das eigentlich dir überlassen. War das für dich kein Problem? Also, ich wusste, dass in dieser Beziehung meine Eltern mir überhaupt nicht helfen konnten. Die haben sich keine Mühe gemacht, weil sie alles andere im Kopf hatten. Und ich war mir eigentlich ziemlich sicher; ich habe gedacht: wenns klappt, dann klappts, wenn nicht, dann bleibe ich auf dieser Hauptschule, wo ich damals war.

Das ist ja alles schon lange her. Kannst du dich noch erinnern, was du dir damals versprochen hast von der anderen Schule? Dass ich mehr Unterstützung bekomme, vom Schulischen her, dass ich da mehr Hilfe bekomme. Ich war halt langsam, ich war nicht die Beste in der Schule. Außerdem war das eine Ganztagsschule.

Warum war dir das wichtig, das Schulische? Ich hatte meinen Freundeskreis, und ich wollte nicht immer hinterherhängen, ich wollte nicht schlecht dastehen. Das war mir wichtig.

Hattest du damals das Gefühl, dass du deshalb hinterherhinkst hinter den anderen, weil du mit einer anderen Sprache aufgewachsen bist und weil deine Eltern Türken sind, oder hattest du eher das Gefühl, das hängt mit deiner Persönlichkeit zusammen? Also, ich kann mich noch von der Grundschule her erinnern, dass meine Klassenlehrerin gesagt hat, ich könnte das, ich könnte mitarbeiten und den Stoff lernen, aber ich wäre zu faul. Ich wäre zu faul, mich an den Tisch zu setzen und was zu tun. Dieser Drang fehlte mir. Es war drumherum, zu Hause vor allem, so viel los, und immer ist so viel passiert, da war alles andere wichtig, bloß die Schule war nicht wichtig.

Was war denn wichtig bei euch zu Hause, Yildiz? Was war wichtig? Also, meine Mutter hat darauf Wert gelegt, dass wir ihr zu Hause bei der Hausarbeit helfen.

Wieviel Geschwister wart ihr? Ich habe zwei Schwestern, ältere, und einen jüngeren Brüder. Zu der Zeit hatten wir große Probleme zu Hause. Meine älteste Schwester ist vier Jahre älter als ich, sie hat mit sechzehn schon geheiratet, ging dann also von zu Hause weg. Meine andere Schwester ist zwei Jahre älter als ich und war damals ein Problemkind. Und dann habe ich noch einen neun Jahre jüngeren Bruder gehabt.

Für mich hört sich das jetzt so an, als wärst du diejenige in der Familie gewesen, die am unproblematischsten war für die Eltern und die darum auch am meisten getan hat. Stimmt das? Das stimmt. Ich wollte viel mit meinen Freunden zusammen sein, aber das Problem war: Meine Eltern wollten nicht, dass ich rausgehe nach der Schule. Ich hab's dann doch getan, wenn sie nicht da gewesen sind. Ich musste meinen Bruder vom Kindergarten abholen zum Beispiel. Meine Mutter war nicht da, ich musste dafür sorgen, dass er was zu essen kriegte. Meine andere Schwester hat natürlich auch mit für ihn gesorgt. Meine Mutter hat zwar gesagt: Tu was für die Schule, und nimm doch mal ein Buch in die Hand und so, aber von alleine kam nichts. Also, mir fehlte dieser Drang, irgendwas für die Schule zu tun. Mir fehlte es.

Du bist doch eigentlich ein neugieriger Mensch und schlau genug bist du allemal auch. Ja, und die Sprache hat mir auch nicht gefehlt, und in der Schule habe ich eigentlich auch ganz gerne mitgemacht. Aber irgendwie hat das nicht gereicht, und das fand ich traurig.

Dann bist du also in die neue Schule gekommen. Hast du dich da besser gefühlt, hattest du das Gefühl, das war eine richtige Entscheidung? Ja, ich hab mich wohler gefühlt. Es war alles so freundlich, so gemütlich. Als Person habe ich mich wohler gefühlt, und auch im Unterricht, wie der abgelaufen ist. Ich hatte einen guten Eindruck von der Schule, weil es mir da einfach besser ging. Ich war den ganzen Tag da und musste nicht irgendwie um ein oder zwei Uhr nach Hause und dann gleich an die Hausarbeit ran und hinterher an die Schularbeiten. Das war eine Erleichterung für mich.

Du hast ja vorher zu Hause einen großen Teil der Hausarbeit gemacht. Und wie ging das ohne dich? Das war mir erstens egal, und dann ist auch mein jüngerer Bruder in die Schule gekommen, das ist auch eine Erleichterung gewesen. Die Hausarbeit blieb liegen. Meine Mutter ist ja erst um fünf oder sechs Uhr von der Arbeit gekommen, und dann mussten das alle zusammen machen.

Du hast eben erzählt, du hättest Freunde gehabt und wärst immer viel lieber mit denen zusammen gewesen, als zu lernen. Und deine Eltern hätten eigentlich nicht gewollt, dass du rausgehst. War das für deine Eltern schwierig, dass du in der Schule den ganzen Tag mit Freunden zusammen warst? Nein, ich glaube nicht. Also, ich glaube, so viel haben sie nicht darüber nachgedacht. Sie haben gedacht, in der Schule, da läuft alles gut ab. Die haben das so von sich abgeschoben. Schule war etwas, wo ein Kind eben gut aufgehoben war. Es war ja auch so, dass meine Mutter dann Annemarie kennen gelernt hat, und da war ja auch gleich irgendwie so ein Vertrauen, meine Mutter hat mich ihr einfach anvertraut. Da konnte nichts Schlechtes passieren.

Eigentlich erwartet doch jedes Kind von seinen Eltern, dass sie genau überlegen, was für ihr Kind gut ist, und dass sie helfen. Hast du mit deiner Mutter mal darüber gesprochen, hast du sie mal gefragt? Nein, habe ich nicht. Hinterher, als ich zur Besinnung gekommen bin und dann über meine Vergangenheit nachgedacht habe, nachdem ich verheiratet war, habe ich sie damit richtig verletzt. Ich habe ihr viel vorgeworfen: Du warst ja eh nie für uns da, und du hast mehr den Vater unterstützt als deine eigenen Kinder.

Und was hat sie gesagt? Dass das nicht wahr gewesen ist. Sie hat es anders gesehen. Sie sagt: Das war euer Vater, und ich konnte ihn nicht hängen lassen. Sie wollte immer die Familie zusammen halten. Und sie hat nicht gesehen, dass wir darunter sehr gelitten haben.

Wie machst du das heute mit deinen Kindern, Yildiz? Ich mache das so, dass ich Harmonie in meiner Familie haben möchte, dass der Vater gerade darum, weil ich nichts von meinem Vater gehabt habe, viel mit den Kindern unternimmt und dass wir ruhig miteinander reden, was ich in meiner Familie nie so richtig mitgekriegt habe.

Wie habt ihr denn miteinander geredet? Also, alle waren immer so angespannt. Es gab viel Gemecker, und so ein richtiges Miteinanderreden gab es nicht. Wenn mein Vater meinte, er müsste jetzt mal die Kinder und die Frau zusammentrommeln und eine Diskussion anfangen, dann nur, wenn er Lust und Laune dazu hatte. Aber er hat nie gefragt: Liegt euch was auf dem Herzen? Er meinte, er wäre der Star und würde jetzt alles bewältigen. Das kam vielleicht einmal im Jahr vor, dass er mal nachgefragt hat.

Wie erklärst du dir dieses Verhalten? Ist das einfach sein Charakter? Oder hat es vielleicht auch etwas damit zu tun, dass dein Vater ein türkischer Mann ist? Mein Vater ist eigentlich ein verantwortungsloser Mensch. Sein Charakter ist so. Der mag keine Verantwortung. Er lebt sein Leben, und meine Mutter hat ihn mitgezogen. Meine Mutter konnte sich nicht zerreißen und hat immer mehr in sich hineingefressen und hat nie gesehen, was mit uns passierte, obwohl meine Schwester ja einen richtigen Aufstand gemacht hat. Sie ist losgezogen, ist abgehauen, von zu Hause ausgerissen. Mein Vater musste sie dann suchen, und die ganze Familie hat in den Tagen mitgelitten. Das war eine schreckliche Zeit. Sie wollte nicht mehr zu Hause bleiben, ihr war das alles nicht mehr recht. Sie war unglücklich.

Und wie ist das weitergegangen? Hat Dein Vater sie dann wiedergefunden? Ja, er hat sie wiedergefunden. Und dann wurde wieder diskutiert, wieder geredet. Dann war es auch so, dass sie ganz oft die Schule geschwänzt hat und viel mit Jungs rumgezogen ist. Sie hat keinen Halt gehabt, überhaupt keinen Halt. Sie ist richtig runtergekommen. Und dann hörte das mit sechzehn oder siebzehn auf, als sie angefangen hat zu arbeiten. Da wurde es immer besser.

Und was macht sie jetzt? Sie hat geheiratet, einen ganz lieben Mann – also, was Besseres kann man ihr gar nicht wünschen. Das ist ein Mann, der sie sehr gut versteht, der ihr alle Freiheiten gibt. Sie hat einen kleinen Sohn, der jetzt zwei Jahre alt ist, sie hat ihre Ausbildung, und ihr geht's gut. Ihr geht's einfach gut. Sie ist immer noch anders als andere Türkinnen. Sie ist ziemlich egoistisch, achtet darauf, dass sie ihr Vergnügen auch weiterhin hat, trotz Kind, trotz Mann, trotz wenig Geld. Und der Mann macht das mit. Da hat sie viel Glück gehabt.

Hat sie einen türkischen Mann geheiratet? Sie hat einen türkischen Mann geheiratet, der hierher zum Studieren gekommen ist und bei seiner Schwester gelebt hat und dann nicht weiterstudieren konnte, weil es nicht mehr geklappt hat mit der Familie der Schwester und das Geld nicht gereicht hat; und dann haben die beiden geheiratet, und es ging dann nicht weiter mit seinem Studium.

Jetzt komme ich mal wieder auf dich zurück. Nachdem du jetzt erzählt hast, wie es bei euch zu Hause zugegangen ist, empfinde ich das eigentlich als sehr erstaunlich, wie sehr du selbst anderen Leuten helfen und dadurch Konflikte entschärfen kannst, weil du es zu Hause ja nicht gelernt hast. Woher kommt das, dass du das so gut kannst, Yildiz? Ich weiß es nicht, ich kann's nicht ausdrücken, woher ich das habe. Eigentlich müsste ich aggressiv und sehr aufmüpfig sein, nach dem, was zu Hause abgelaufen ist. Ich weiß nicht, warum ich dann immer noch so freundlich gewesen bin. Vielleicht, weil ich dann zufriedener war, wenn ich aus dem Haus weggehen konnte.

Es hat schon bei meinem jüngeren Bruder angefangen. Als er geboren wurde, da war ich neun. Ich hatte schon mehr Vorteile als meine Schwestern. Es war so, dass ich von meiner Mutter und von meinem Vater acht Jahre lang verhätschelt worden bin. Ich war halt besser betreut und darum vielleicht auch liebevoller als meine beiden Schwestern. Vielleicht war das der Grund, dass ich anders war, dass ich mehr Liebe abbekommen habe. Das bedeutet ja viel, wenn ein Kind geliebt wird und Geborgenheit findet. Und vielleicht war es das, was ich dann auch meinem jüngeren Bruder weitergeben konnte. Ich hab mich ziemlich viel um ihn gekümmert und fand das schrecklich, dass meine Eltern ihn so zu Hause hinterlassen oder bei anderen Familien gelassen haben, weil sie meinten, sie müssten arbeiten gehen, oder weil meine Mutter meinte, sie müsste arbeiten gehen und für die Familie einstehen.

Ich hatte damals eine Freundin, die ich in der zweiten Klasse kennen gelernt habe. Ich war viel in der Familie und fand es einfach schön, wie das da abgelaufen ist. Und als ich dann in die neue Schule kam, kam Annemarie, und da hab ich mich festgehalten, und ihr Reden und ihr Denken haben mir weitergegeben, wie ich denken soll und was für mich gut ist. Annemarie hat eine starke Position in meinem Leben, woran ich mich festhalte. Und das war auch noch so, als ich verheiratet war. Es war ja so: Zwei Jahre nach dem 10. Schuljahr habe ich geheiratet. Dann habe ich mich immer noch an Annemarie erinnert, so gut ich mich erinnern kann, habe sie immer angerufen und nach ihrer Meinung gefragt.

Ist das heute noch so? Es ist heute immer noch so. Annemarie ist irgendwie meine Erzieherin.

Und wie ist das mit den Kindern aus deiner Gruppe, mit denen du ja ungefähr fünf Jahre zusammengelebt hast? Sind die auch wichtig für dich? Oder hatte deine Lehrerin den größten Einfluss? Das war Annemarie. Wenn ich irgendwelche schlechten Gedanken gehabt habe, zum Beispiel wenn ich gedacht habe, ich gehe heute nicht in die Schule oder ich mache mir heute einen schönen Tag, habe ich immer ein schlechtes Gewissen gehabt gegenüber Annemarie. Dann bin ich doch in die Schule gegangen. Aber ich war dann oft mit meinem Kopf woanders. Es kam eine Zeit, da konnte ich mich nicht so an die Schule halten. Gefühle waren für mich wichtig, Gefühlsleben, Verliebtsein und Geldverdienen und zu Hause ein besseres Leben haben und solche Sachen.

Wann hast du dich zum ersten Mal verliebt und in wen? Das erste Mal verliebt war ich in einen Nachbarjungen. Da hatte ich dieses Gefühl: Das muss Liebe sein. Aber es war Verknalltsein. Wir waren erst dreizehn Jahre oder so, zwölf, dreizehn, wir haben Verstecken gespielt und so. Wir waren auch zusammen auf der Schule.

War der in deiner Gruppe? Nein, der war schon im 8. Schuljahr, als ich ins 6. kam. Er war zwei Jahre älter als ich. Ich war ja auch älter als die anderen in meiner Gruppe. Und ich war auch viel weiter, das habe ich gemerkt. Die waren ja noch lange nicht so weit wie ich, und mit denen hätte ich nichts anfangen können.

Und wann hast du deinen Mann kennen gelernt? Als ich im 8. Schuljahr war.

So früh? Wie alt warst du da? Ende fünfzehn.

Und du hast dich gleich in ihn verliebt? Ja, der hatte was anderes, das war ein anderer Mensch als ich oder als die, die ich vorher kennen gelernt hatte. Das war die Kultur, die er hatte, und das andere, was eigentlich auch zu mir gehörte, was ich aber noch nicht kannte und was er mir vermittelte.

Kannst du mir das näher erklären? Das war so: Er war ein Türke. Er war ein junger Mann, er war damals 17, und er war gebildet, wusste viel und konnte viel erzählen, und das war das, worin ich mich dann verliebt habe. Dass er viel erzählt hat und mir übermitteln konnte. Von meiner eigenen Kultur. Er hatte so was Gelassenes und Ruhiges an sich. Und ich hatte das Gefühl, das brauchte ich. Er strahlte so viel Freundlichkeit aus, vielleicht war es das. Er war nur am Lachen und war immer freundlich und ... Ja, er war anders als die anderen Männer, die ich kennen gelernt hatte.

Hat er damals gearbeitet, oder ist er noch zur Schule gegangen? Er war in der Ausbildung.

Und danach war's mit deiner schulischen Karriere nicht mehr so gut? War nicht so gut, nein. Aber wir haben dann auch öfter Praktikum gemacht. Im 8. Schuljahr musste man in die Industrie, wo was verarbeitet wurde, und im 9. Schuljahr war ich dann im Krankenhaus, und im 10. Schuljahr war ich im Friseurladen. Mir war das eigentlich klar, dass ich Krankenschwester werden wollte. Das hat mir einfach besser gelegen. Aber ich wusste, dass die schulische Ausbildung auch schwieriger war. Und im Friseurladen lief es auch gut, ich konnte mir diesen Beruf auch gut für mich vorstellen und fühlte mich darin wohl. Das hat dann aber nicht geklappt, weil ich meinte, ich müsste zu Hause mehr helfen. Ich bin dann in eine Fabrik gegangen, wo meine Mutter gearbeitet hat, und hab da erst mal ein Jahr gearbeitet.

Hast du das Gefühl gehabt, du müsstest für deine Eltern mit Geld verdienen, damit es weniger Probleme gibt, oder hast du gedacht, du musst mehr Zeit haben? Wir haben ständig in Schulden gelebt. Wir hatten immer Schulden von meinem Vater, und wir haben's immer schlecht gehabt. Ich kann's nicht anders ausdrücken. Ich weiß nicht, man sagt immer, dass man seine Eltern nie schlecht darstellen darf. Aber ich habe das Gefühl, wir haben immer nur in Schulden gelebt, immer knapp gelebt. Meine Mutter hat drei Stellen gehabt, und ich hab mit vierzehn meine eigene Putzstelle gehabt und hab da geholfen. Als ich dann in die Fabrik gegangen bin, hab ich von Viertel vor sieben bis vier Uhr dort gearbeitet, bin dann zu der anderen Putzstelle gegangen und von da aus wieder zu einer anderen Putzstelle, damit wir endlich mal mehr Geld hatten und aufatmen konnten. Dann hab ich meinen Führerschein gemacht und wir hatten auch ein Auto. Wir haben dann anders gelebt, uns ging es besser.

Fühlst du dich jetzt deinen Eltern gegenüber unsolidarisch, wenn du das erzählst? Eigentlich nicht, es ist ja die Wahrheit. Ich hab's auch meinem Vater und meiner Mutter oft genug an den Kopf geworfen, dass wir keine gute Kindheit gehabt haben und dass sie uns immer unterdrückt haben. Nein, unsolidarisch finde ich das nicht, ich stehe zu meiner Meinung.

Ich habe das Gefühl, du kritisierst viel an deinen Eltern, aber du kannst sie dennoch achten. Für deine Mutter zumindest stimmt das. Bei deinem Vater ist es, glaube ich, schon schwieriger. Ja. Ich brauchte auch einen gewissen Abstand zu meinen Eltern. Ich habe immer so das Gefühl gehabt, nachdem ich geheiratet hatte, die beuten mich immer noch weiter aus, sie brauchen immer noch was von mir. Manchmal kam's mir vor, als ob ich die Eltern von denen wäre. Ich möchte nicht, dass es meinen Kindern später mit mir so geht. Ich möchte, dass es ihnen besser geht als mir damals. Aber man weiß ja nicht, wie sich alles entwickelt in der Zukunft, wie wir vielleicht in zehn Jahren leben. Die Zeit ist unsicher.

Wir wissen nicht, was in zehn Jahren passiert, sagst du. Wie meinst du das, also was empfindest du als unsicher? Ich möchte nicht, dass es meinen Kindern schlecht geht. Psychisch schlecht. Zum Beispiel, dass sie in eine Klasse kommen, wo welche sagen: »Scheißtürke, na, bist du schon wieder da?« Und so. Ich möchte so etwas meinen Kindern nicht antun. Ich weiß zwar nicht, was in der Türkei passieren wird, aber dann würde ich immer noch sagen, das ist unser Heimatland, und da werden sie nicht so diskriminiert.

Hast du selber dich in deiner Schulzeit diskriminiert gefühlt? Ja, in der Grundschule. Das war in den 70er Jahren. In der Schule war das damals noch nicht so normal wie heute, dass ausländische Kinder in einer Klasse waren. Ich kann mich erinnern, dass ich kein Deutsch konnte, als ich in die Schule kam, weil ich vorher nicht im Kindergarten gewesen bin. Ich weiß noch, wie die Lehrer auf mich reagiert haben, nicht gerade nett, und dass sie einfach gesagt haben, das Kind muss in die Vorschule. Das war ja auch richtig. Aber da wurde ich auch nicht richtig integriert. Da gab es zum Beispiel so eine Stunde, wo die Kinder auf ihren Plätzen sitzen mussten, und die Lehrerin hat jeden mal aufgerufen, und dann mussten wir erzählen, was gerade passiert war, und wenn ich es nicht wusste, dann hieß es: »Ach ja, du weißt ja wieder nicht Bescheid, setz dich mal hin, du kannst ja nicht erzählen.« Auch ohne dass sie sich mal zu mir gesetzt und mir was erklärt haben, wie wir das jetzt im Moment in der Kindertagesstätte machen, dass wir versuchen, den Kindern etwas zu vermitteln. Das war nicht so. Da hat man sich keine Mühe gegeben. Das würde zwar meinen Kindern nicht passieren, aber ich habe dadurch, dass ich das so miterlebt habe, auch Angst, dass meine Kinder schlechte Erfahrungen machen.

Und wie war das für dich in der neuen Schule? Da hatte ich nicht das Gefühl. Nein. Also, mir ist gar nichts dieser Art in Erinnerung geblieben, ich wüsste nicht. Ich wurde immer, wirklich immer gut aufgenommen. Da hat man nicht gesagt: Du kommst aus der Türkei. Es war ja auch nicht so, dass ich auffiel. Die Aussprache stimmte, ich hatte kein Kopftuch um. Da wurde ich so genommen, wie ich war.

Noch eine Frage zu deinen Kindern. Du sagst, man weiß nicht, was ihnen hier in Deutschland passiert. Da denkst du wahrscheinlich an alles Ausländerfeindliche, was wir in den letzten Jahren hier erlebt haben. Habt ihr mal überlegt, ob ihr für eure Kinder die deutsche Staatsangehörigkeit beantragt? Ja, haben wir. Aber was würde das bringen? An dem Namen ändert sich ja nichts, an dem Aussehen ändert sich auch nichts. Das habe ich auch für mich überlegt. Ich weiß nicht, ob man mich dann wirklich als Deutsche ansehen würde. Aber das will ich auch nicht, ich bin eine Türkin. Und ich weiß nicht, ob man mich dann auch so anerkennen würde wie eine Deutsche, wenn ich die Staatsangehörigkeit hätte. Daran liegt's mir, dass man einen Menschen so nimmt, wie er ist. Und es soll nicht so sein, wenn ich die deutsche Staatsangehörigkeit habe, dass das eigentlich für mich nur ein Vorteil ist, weil ich dann von den Gesetzen mehr profitiere.

Du kannst wählen zum Beispiel. Du kannst politisch mitentscheiden. Du kannst auch gewählt werden. Ob ich das möchte, weiß ich nicht.

Kannst du dir vorstellen, in der Türkei zu leben? Nein, schwer, ich habe ja noch nie länger als vier bis fünf Wochen da gelebt. Aber ich sehe, wie gut es denen geht, wie gut man da leben kann, wenn's finanziell stimmt. Das ist ja ein ganz anderes Leben als hier. Aber ich weiß nicht, ich müsste eine längere Zeit da leben, bevor ich darüber Genaueres sagen könnte.

Ich denke, ich müsste dann sehr viel aufgeben. Aber für meine Kinder wäre es doch vielleicht ganz gut.

Du kannst es auch anders herum sehen. Du kannst sagen: Wenn wir versuchen, dass unsere Kinder sich hier in Deutschland wirklich integrieren, dann haben sie ihren türkischen Namen, aber sie wissen, sie gehören eigentlich hierhin, weil sie hier geboren sind und weil es ihr Land ist. Ich denke, es ist schwer zu sagen, was besser wäre. Wenn ich mich manchmal so schlecht fühle und meine Zweifel habe, dann sage ich zu meinen Eltern: Warum seid ihr nicht in eurem Land geblieben? Auch wenn man ja nicht weiß, wie es da gewesen wäre, irgendwie gehören sie zu diesem Land. Hier fühlt man sich wirklich so zwiespältig. Es gibt im Moment Situationen, da denke ich, ich kann nicht mehr hier bleiben.

Welche zum Beispiel? Als dieser Streit mit dem Nachbarn war, als er uns beschimpft hat, als er uns angerotzt hat nur wegen der Parkplätze, weil er der Meinung war, dass ihm alle Parkplätze gehören oder dass wir nicht mit zwei Autos oder dass unsere Gäste da nicht parken dürfen. Das war ganz schrecklich. Und dass Aytekin sich selbstständig gemacht hat, das hat er ja alles mitgekriegt, auch dass er Kunden kriegt. Da kam dieser Neid auf. Ich denke, solange man von den Einheimischen nichts verlangt, ist alles gut. Aber sobald man zum Beispiel eine Wohnung haben möchte oder wenn der andere sieht, dass es einem auch ganz gut geht, dann kommt der Neid auf.

Könnte euch das nicht genauso passieren, wenn ihr Deutsche wärt? Und könnte das nicht auch in der Türkei so passieren? Darum noch mal die Frage: Wäre es für euch nicht doch einfacher, wenn ihr deutsche Staatsangehörige wärt? Ja, wir überlegen das auch, dass wir unsere Staatsangehörigkeit vielleicht ändern. Aytekin aber eigentlich nicht.

Warum Aytekin nicht? Weil er immer noch das Gefühl hat, wenn irgendwas passiert, dann kann er zurück. Ich weiß es nicht. Er fühlt sich da auch ziemlich unsicher. Es wäre dann ja endgültig.

Sprecht ihr mit euren Kindern türkisch zu Hause? Es fällt uns schwer.

Kannst du eigentlich richtig Türkisch? Ja.

Du hast vorhin mal gesagt, du hättest Schwierigkeiten, in Türkisch was zu sagen. Die Umgangssprache kann ich. Und wenn ich manchmal was erzählen soll, dann fang ich an zu stocken, weil ich ja Deutsch denke. Und dann passt das irgendwann nicht zusammen. Dann rede ich falsch, gestörtes Reden ist das. Dann schämt man sich auch manchmal, was zu sagen.

Sprichst Du nicht so flüssig türkisch wie deutsch? Nicht flüssig. Ich kann nicht, wenn ich was denke, einfach so drauflosreden. Dann muss ich immer überlegen, was ich sage. Und dann kommt's meistens falsch raus.

Und mit euren Kindern? Ist es so, dass ihr euch bemüht, mit ihnen türkisch zu sprechen, so gut das geht? Und wie viel deutsch sprechen sie? Es ist so: Wenn wir darauf achten, dass wir türkisch sprechen, dann sprechen die auch mit uns türkisch. Sie versuchen es auf jeden Fall. Manchmal sage ich etwas auf türkisch und kriege dann eine deutsche Antwort. Aber meistens ist es für uns ja so, dass wir über acht oder zehn Stunden deutsch sprechen. Und wenn wir dann zu Hause sind, reden wir weiter deutsch. Man kommt so rein.

Du hast in deinem Brief an Annemarie geschrieben, du hättest dich in der Schule so frei gefühlt wie ein Vogel. Ohne viel über dein wirkliches Leben zu wissen, möchte ich fragen: Denkst du, du hast dich richtig entschieden, dass du so früh geheiratet hast? Das war für mich damals der wichtigste und der einzig mögliche Schritt, um aus dem Haus zu kommen. Und es war der Mann, den ich geliebt habe, um den ich gekämpft habe. Ja, in diesem Alter war es für mich die einzige Sehnsucht und das Ziel, dass ich ihn heirate. Und dann ist es nicht so gekommen, wie ich es mir eigentlich gedacht hatte.

Was hast du dir denn vorgestellt, als ihr geheiratet habt, Yildiz? Dass ich meine eigene Familie gründe, und das war es nicht. Es waren trotzdem seine Eltern und meine Eltern da, denen wir uns unterordnen mussten. Und das wollte ich nicht. Ich hab mich sehr darüber aufgeregt und mich dagegen gewehrt, aber dadurch habe ich dann viel Streit mit meinem Ehemann gekriegt. Er kennt das nicht anders, er kann die Familie nicht loslassen, und er konnte nicht auf einmal sein eigenständiges Leben leben. Er hat sich weiter gebunden gefühlt an seine Familie.

Ist das bis heute so? Nein, das hat sich so langsam gelöst. Aber trotzdem ist es so, dass ich mich unterordnen muss, hab ich das Gefühl. Und das möchte ich nicht. Ich bin gebunden.

Heißt das: Ihr beide habt eigentlich den Konflikt, dass dein Mann seine Familie mitgebracht hat in die Ehe und die Tradition, der er sich verpflichtet fühlt? Und du bist ein eher unabhängiger Mensch und würdest dich gerne mehr lösen? Ja. Das war ein Streit ohne Ende. Das war ungemütlich. Irgendwann war der Streit erledigt, dann kamen die Kinder, und dann kam ein neuer Konflikt. Man entwickelt sich ja auch. Mit zwanzig ist man ja noch nicht in dem Alter, wo man fertig ist. Und dann haben wir uns unterschiedlich entwickelt, er hat sich anders entwickelt als ich. Es war ja auch so, dass wir uns in unserer Freundschaft nicht regelmäßig gesehen haben, wir konnten uns also gar nicht wirklich kennen. So kam es eben anders.

Er hatte seinen Standpunkt mitgebracht und ich hatte meinen Standpunkt mitgebracht, den wir vorher so voneinander gar nicht kannten.

Und wie lebt ihr damit? Mittlerweile besser.

Meinst du, es wäre einfacher, wenn du einen deutschen Mann geheiratet hättest? Nein. Mann ist Mann, ob es jetzt ein türkischer Mann oder ob es ein deutscher Mann ist. Ich finde, man sollte mit einem Menschen erst zusammenleben, wenn man sagen kann: Mit dir bleibe ich mein ganzes Leben lang zusammen. Ich habe zwei Kinder und einen Mann. Er ist nicht schlecht, er ist kein schlechter Mann. Aber unsere Meinungen sind verschieden. Wenn man auf einen bestimmten Punkt kommt, sind sie einfach unterschiedlich.

Siehst du eine Möglichkeit, wie das besser zusammengehen könnte, diese verschiedenen Interessen? Im Moment bin ich ganz froh, dass ich arbeiten kann. Er sagte am Anfang, ich brauchte nicht zu arbeiten, ich hätte ja die beiden Kinder. Er hat auch versucht, mir ein schlechtes Gewissen einzureden, ob das denn richtig ist, dass ich arbeiten gehe und die Kinder dann mitnehme. Und ich hab gedacht: Entweder mache ich die Arbeit, oder ich mache sie nicht. Ich kann nicht halb arbeiten, dann bin ich bin nicht richtig drin und fühle ich mich auch unwohl. Schon allein wegen dieser Grundbasis, die ich nicht habe. Und wenn ich nur halb da wäre, wäre ich nicht so anerkannt. Das wäre für mich schwierig. Ich hab mir also gesagt: Entweder mach ich das ganz, oder ich mach's überhaupt nicht. Und wenn ich es nicht mache, dann fühle ich mich noch unwohler. Jetzt habe ich diesen Beruf wieder aufgenommen, und mir geht's besser. Das ist erst mal der Einstieg für mich.

Was ich noch sagen muss: Es ist ein ständiger Machtkampf zwischen uns beiden gewesen. Von dem Tag an, als wir geheiratet haben. Nachdem ich wieder in den Beruf eingestiegen bin, hab ich versucht, ein bisschen zurückzustecken.

Was meinst du mit Machtkampf, wie sieht der aus? Ja, jeder möchte das machen, was er will, und das durchbringen. Aytekin möchte ungestört arbeiten, er möchte dann arbeiten, wenn er Lust und Laune hat, er möchte auch ganz gerne mal schlafen, weil die Zeit dafür viel zu knapp ist bei ihm. Aber irgendwo möchte ich ihn auch ein bisschen rankriegen, ich möchte auch mal meine Ruhe haben. Das geht nicht, wenn ich ständig nur die Kinder habe. Ich möchte auch mal entlastet werden. Das ist wieder so ein Grund, dass mir manchmal die Haare zu Berge stehen: Die Kinder werden ständig hin- und hergeschoben. Dann kommt dieser Konflikt. Er sagt zum Beispiel, heute gehen wir zu meinen Eltern oder ich mache dies und dies. Irgendwann habe ich ihn aus meinem Leben ausgeschlossen und selber was mit den Kindern unternommen. Das war, glaube ich, ein Fehler, weil er sich dann ausgeschlossen gefühlt und noch mehr das gemacht hat, was er eigentlich durchbringen wollte. Als ob er sagen wollte: Hier bin ich auch noch, und das wird jetzt gemacht.

Von der Schiene bist du wieder runtergekommen? Ja, bin ich, weil ich wusste, das ist verkehrt. Aber es blieb nichts anderes übrig. Ich konnte nicht den ganzen Tag zu Hause bleiben und auf meinen Mann warten. Irgendwann war ich so weit, dass ich nur noch die Minuten gezählt habe: wann kommt er endlich? Und dann wurde ich unruhig, weil er noch nicht da war. Das war furchtbar. Ich wollte nicht allein sein. Ich wollte nicht allein mit den Kindern sein.

Habt ihr eigentlich Freunde? Ja, ich hab Freunde.

Und Aytekin? Er hat nur seine Bekannten. Er hat sein ganzes Leben lang keinen festen Freund gehabt. Er ist ein Einzelgänger.

Und bei dir ist das anders? Ja. Ich bin dann mal zu der oder mal zu der Freundin gegangen und hab was mit denen unternommen. So viel, wie's ging. Wir sind mal essen gegangen und so, aber viel konnte ich mit denen auch nicht unternehmen.

Kann Aytekin das akzeptieren, dass du eigene Freunde hast? Er hat sich später damit abgefunden. Am Anfang sagte er immer: Wozu brauchst du deine Freundin? Ich bin doch da, und wir haben unsere Bekannten und Verwandten, das reicht ja. Er hat dann auch öfter gesagt: Du hast ja deine Freunde, geh doch zu deinen Freunden und sprich dich mit denen aus. So kam das bei mir rüber. Obwohl ich nie so geredet habe – ich hab ja meine Freunde, und ich geh dahin oder hierhin. Es war auch mit der Arbeit so, wir waren ziemlich unzufrieden miteinander. Als ich anfangen wollte zu arbeiten, hat er gedacht, ich ziehe dann irgendwann aus, mache mich selbstständig und gehe.

Hast du jemals an so etwas gedacht? Ich hab das nie im Kopf gehabt. Das würde ja nie im Leben reichen, das, was ich verdiene. Ich wollte nur aus dem Haus raus und wieder mit anderen Menschen reden, unter Menschen kommen.

Kann er das jetzt besser verstehen und akzeptieren? Er hat verstanden, dass ich nicht ausziehen wollte. Das hat er gemerkt, und dass es mir einfach nur gut tut. Und dass es uns jetzt dadurch besser geht. Ich denke, diese Angst war auch der Grund, dass er nicht wollte, dass ich arbeiten gehe. Die Angst, dass ich mich anders entwickle, dass ich zu einer Feministin werde oder so was, dass ich meine Kinder packe und dann gehe.

Hat deine Schwiegermutter gearbeitet? Ja, sie hat ständig gearbeitet.

Es ist also nicht so, dass Frauen nicht arbeiten, dass sich das nicht gehört. Nur bei dir fand er es nicht in Ordnung. Kann es sein, dass das Problem leichter wäre, wenn du eine bessere berufliche Lösung finden würdest? Ich sehe da im Moment überhaupt keine Möglichkeit. Ich habe mich erkundigt und mir überlegt, neben dem Beruf vielleicht noch eine Ausbildung zu schaffen. So in Abendkursen. Meine Lehrerin meinte, es würde nicht klappen mit zwei kleinen Kindern. Ich wäre überfordert und würde dann alles hinschmeißen.

Erzähl doch bitte, wie ihr geheiratet habt. Es fing schwierig an. Schon allein mit den Familien war es schwierig. Die eine hat mehr gefordert, die andere wollte zurückstecken. Es gibt ja auch, wenn man heiratet, so bestimmte Verpflichtungen, was die Familien machen müssen, und da fing das schon an, dass die Vorstellungen so gegeneinander geprallt sind. Das wirkte sich dann auch so auf uns aus. Aber es ging erst mal gut. Bis zur Hochzeitsnacht, und danach fing der Streit schon an. Meine Mutter meinte, die Geschenke müssten zum Brautpaar. Die Schwiegermutter meinte, nein, sie hätte überhaupt nichts damit zu tun, sie allein hätte das zu bestimmen, wo die Geschenke hinkommen. Also kamen sie zu den Schwiegereltern. Die haben halt andere Bräuche. Ja, da fing das schon so an zu kriseln. Und am nächsten Morgen war es so, dass sie schon ziemlich früh gekommen sind und sehen wollten, ob ich unschuldig war. Sie haben meiner Mutter dann auch gesagt, sie sollte mitkommen. Meine Mutter meinte, nein, das würde sie nicht tun, und dann haben sie meine Schwester angerufen. Dann ist die mitgekommen, und sie haben nachgeprüft. Das wusste ich vorher, dass das alles auf mich zukommt. Danach wollte meine Familie noch ein bisschen feiern mit uns. Sie wollten, dass es wieder ein bisschen harmonischer wird. Aber die andere Familie hat gesagt: nein, sie ist ja kaputt. Sie meinten, ich müsste da sitzen bleiben und sehen, wie meine Schwiegermutter die Geschenke auspackt. Da kam schon dieser Frust auf, dass ich mich nur von einem Haus zum andern Haus begeben habe, wo ich mich dann wieder unterdrücken lassen musste. Das war nicht schön.

Was hat denn Aytekin gemacht in der Situation? Der hat nichts dazu gesagt.

Wir haben beide nichts gesagt. Wir haben alles so über uns ergehen lassen. Aber da fing dieser Streit schon an. Und nachher kam das halt, dass uns das getrennt hat: deine Familie und meine Familie. Es fing so allmählich an. Bis zur Hochzeit war alles eigentlich schön. Das ging alles an uns vorbei, was die Familien vorher gesagt und gemacht haben. Aber nachher fing's dann an. Eigentlich wollte ich das nie, aber dann kommt man auf einmal in diese Situation, wo man meint, man müsste die eigene Familie verteidigen. Und er meinte, er müsste seine Familie verteidigen.

Diese Unschuldkontrolle – wie hast du das empfunden? Also ich wusste, dass ich meine Unschuld behalten musste. Man kann vor der Hochzeit alles machen, man muss ja nicht unbedingt die Unschuld verlieren, damit man auf die Gefühle kommt. Aber diese Situation war furchtbar. Das ist so ein Intimbereich, und der ist so überfallen worden. So habe ich das gefühlt. Das war schrecklich. Ich war kaputt und verliebt und irgendwie auch ein bisschen gestört. Was so alles mit mir passierte, diese vielen Gefühle, die so ein bisschen durcheinander gingen ... Man sagt sich: Was ist jetzt? Du bist jetzt aus dem Haus, und hast du das jetzt, was du eigentlich immer haben wolltest, oder war's das doch nicht? Das wusste ich nicht.

Hattest du eine Freundin oder Freundinnen, mit denen du darüber reden konntest? Das waren damals meine Arbeitskolleginnen, mit denen ich das Vorpraktikum gemacht habe. Mit denen war ich sofort vertraut, die haben mir alles erzählt, und ich hab denen alles erzählt. Die haben das so richtig miterlebt und alles mitverfolgt, von Anfang an. Das war für die auch lehrreich, mal was anderes. Mit meinen Schwestern konnte ich auch darüber reden. Aber das ist nicht so toll, weil es dann immer einseitig bleibt, wenn man mit den Schwestern darüber redet; die sind ja auf der einen Seite von der Familie. Es muss jemand sein, der außen steht und der das versucht zu verstehen.

War Annemarie eigentlich bei eurer Hochzeit? Ja, das war sie. Aber da war der Kontakt ein bisschen abgebrochen nach der Hochzeit. Die ganze Klasse, fast die ganze Klasse war auf der Hochzeit. Vielleicht hatte ich zu viele andere Sachen im Kopf, dass ich irgendwie gar nicht auf Annemarie gekommen bin, ich weiß es nicht. Annemarie hat uns dann noch besucht, und dann weiß ich nicht – es hat sich so ergeben, dass wir eine lange Zeit nicht mehr so viel Kontakt miteinander hatten.

Das hat sich dann wieder geändert. Annemarie war sowieso schon immer bei mir im Kopf. Meine Mutter hat manchmal gesagt: Ich hab Annemarie gesehen, sie lässt dich schön grüßen. Als ich mal wieder so in der Sackgasse war, habe ich sie angerufen, und Annemarie hat uns dann besucht, und danach haben wir uns ganz oft getroffen. Oft war Peggy noch mit dabei, die ich auch von früher aus der Schule kenne, und das war immer eine Unterstützung für mich. Es hat mich zwar erleichtert, aber nicht lange. Dann war ich wieder in der Sackgasse. Annemarie hat dann versucht, mir zu helfen, dass ich ein bisschen entlastet werde, aber es war nie so ganz das Richtige, ich war nie so richtig zufrieden. Das war nicht die richtige Lösung.

Was ich brauchte, war eigentlich, unter Menschen zu kommen. Ich konnte es nicht mehr zu Hause aushalten, die schreienden Kinder ständig und meine Krankheit und das alles drum herum. Das ständige Alleinsein und dass mein Mann sich ständig unter Druck setzte, er müsste viel arbeiten, und dass das Familienleben viel zu kurz kam, das hat mich alles so genervt, diese ständige Zankerei. Ich war richtig in der Krise.

Und jetzt ist es besser? Ja. Erstens geht es mir körperlich besser. Meine Krankheit habe ich unter Kontrolle. Außerdem sind meine Kinder jetzt älter, mit denen kann ich schon mehr anfangen. Und ich komme aus dem Haus, ich gehe arbeiten, verdiene mein Geld, und wir stecken jetzt auch nicht mehr in Schulden. Dieser Druck ist nicht mehr so groß, dass Aytekin so viel investiert hat für seine Arbeit und wir immer denken, wir müssen weiterhin sparen.

Was hast du eigentlich für eine Krankheit gehabt? Ich hatte in der zweiten Schwangerschaft eine Angina, eine Streptokokkeninfektion, und das ist dann gewandert, in die Gelenke, und dann hatte ich Rheuma. Polyarthritis, in der Schwangerschaft. Danach hatte ich jedes Jahr einen Schub. Jetzt habe ich es im Griff mit Tabletten, ich bekomme jetzt eine Basistherapie, und es geht mir gut.

Wie sehr hat dich die Krankheit belastet? Es war ganz schlimm, ich konnte nicht laufen, ich lag flach. Ich konnte nichts anfassen, ich konnte nicht aufstehen und laufen, es war schrecklich. Und ich bekam Cortison und Antirheumatika und Tabletten, was weiß ich. Da kriegt man Angst.

Jetzt habe ich die Tabletten reduziert, kriege kein Cortison und kein Antibiotikum mehr und muss abwarten, wie das in den nächsten Jahren wird. Es war damals wirklich ein gesundheitlicher Tiefpunkt. Und dazu die kleinen Kinder.

Und keinen Schlaf und ständig kranke Kinder, sich kümmern, sich sorgen, Timur kam ins Krankenhaus, wurde operiert, an der Niere, und hatte Verbrühungen und ... Es war schrecklich, schrecklich.

Wieso Verbrühungen, was hat er denn gemacht? Bevor ich wieder meine eigene Arbeit aufgenommen habe, habe ich als Einstieg so eine kleine Kindergruppe betreut. Da war ich an einem Morgen gewesen und hatte alles besprochen, die Kinder waren mit. Dann kam ich nach Hause, wollte ihnen schnell Püree machen und Spinat kochen und hatte Wasser eingegossen in die Schüssel. Ich will also Püree machen, das Kind kommt, ich dreh mich nur kurz um, um Milch aus dem Kühlschrank zu holen, und das Kind schüttet das Wasser über sich. Heißes Wasser, brühendes Wasser. Dann lag ich eine Woche mit ihm im Krankenhaus. Man sorgt sich, man macht sich Vorwürfe, dann denkst du, es ist zu viel gewesen, alles gibt dir zu denken. Man wird aggressiv, man ist hysterisch, und das zehrt so an einem.

Wir haben jetzt schon mehrmals über Schwierigkeiten und Konflikte geredet. Denkst du, diese Konflikte haben damit zu tun, dass du Türkin bist oder kommen die Konflikte daher, dass das Leben so ist? Die Konflikte kommen daher, dass das Leben so ist. Mein Leben ist so. Und auch daher, dass ich es nicht im Griff habe. Ich bin hin- und hergerissen, ich habe das Gefühl, dass ich immer mehr möchte und mich dadurch überfordere. Das ist einfach so. Und dass ich eine Türkin bin, kommt bestimmt noch dazu. Ich tue schon viel mehr als andere türkische Frauen, denke ich. Ich kann mir mehr erlauben als viele andere. Ich sage das, was ich denke und was ich machen möchte, das mache ich auch. Aber es ist halt schwierig. Da kommen Konflikte auf. Das hat wohl schon etwas damit zu tun, dass ich Türkin bin, aber auch mit meinem Leben, dass es so ist, wie es ist. Ich denke, beides kommt zusammen.

Wenn ich zu Hause bin, bin ich eine Türkin. Ich bin bei meinen Kindern und überfordere mich eigentlich, weil ich es mit ihrer Erziehung nicht so machen kann, wie ich es eigentlich möchte.

Hat das etwas mit unterschiedlichen Vorstellungen über Erziehung zu tun, also wieder mit Unterschieden zwischen der türkischen und deutschen Kultur? Zum Beispiel. Aber auch, weil es mit meinem eigenen Leben zusammenhängt. Ich sträube mich dagegen, sie so zu erziehen oder mit ihnen manche Sachen zu machen, die sie zum Beispiel bei meinen Eltern erleben. Das sitzt tief in mir drin, diese Aggression, dieses Gefühl von Unterdrücktsein und dieses Sich-Wehren, weil man zu überfordert ist. Andererseits kann ich es mir nicht erlauben – das würde unsere Ehe nicht durchstehen, und ich wäre dann als Türkin auch so nicht gut angesehen –, zum Beispiel das zu tun, wonach ich ein großes Bedürfnis habe: mal allein aus dem Haus zu gehen, auch abends mal, etwa allein ins Kino zu gehen oder mich mit einer Freundin spontan zu treffen. Dass ich zum Beispiel sage: Aytekin, bleib hier bei den Kindern, ich muss jetzt mal hier raus, weil ich dieses Bedürfnis habe, einfach so, ich muss hier raus. Das geht nicht.

Warum nicht? Weil es unsere Ehe nicht erlaubt, weil Aytekin zu türkisch ist. Und ich ordne mich wieder unter. Aber er ist mir schon entgegengekommen. Er wäre bestimmt nicht so gewesen, hätte ich ihn besser überzeugen können. Ich kann mich noch ganz gut erinnern: Als ich wieder angefangen hatte zu arbeiten, habe ich mir gesagt: Ich muss Annemarie sehen, ich muss mal zu Annemarie. Und dann habe ich sie nach der Schule nach der Arbeit besucht. Sie hatte gerade Schluss, und da habe ich ihr das alles so geschildert, was für eine Entwicklung wir gerade machten in unserer Ehe. Einmal kam Peggy mit dazu und meinte: Guck mal, Yildiz erzählt gerade, wie sie ihren Mann erzieht.

Es war eine furchtbare Enttäuschung. Ich hatte gedacht, wir machen etwas Gemeinschaftliches, als wir geheiratet haben, ich dachte, unsere Ehe wird anders als die anderen Ehen. Ich wollte kein Dienstmädchen sein, nur weil ich eine Türkin bin. Das fing schon mit dem Aufstehen an. Ich wollte ein System, und ich wollte Regeln in unserer Wohnung haben, in unserer Ehe, zum Beispiel, dass wir gemeinsam frühstücken, bevor wir aus dem Haus gehen, dass wir zusammen schnell die Betten machen, dass alles ordentlich ist, bevor wir weggehen. Ich hatte mit vorgestellt, dass wir, wenn ich nach Hause komme, zusammen kochen, zusammen abspülen, aber das war nicht so. Er meinte, er brauchte das nicht, und wenn er seine Sachen ausgezogen hatte, dann blieben die da auch liegen. Ich wollte das nicht, ich wollte eine Regel einführen und es nicht so haben wie früher zu Hause. Aber für ihn war es selbstverständlich, dass ich das machte.

Und wie habt ihr das jetzt geregelt, Yildiz? Ja, wie haben wir das geregelt? Es ist so weit gekommen, dass er seine Sachen selbst wegräumt. Er räumt den Tisch mit ab, und er übernimmt die Kinder, wenn ich den Haushalt mache. Es ist schon so, wenn er da ist, dass die Rollenverteilung geregelt ist, ja, inzwischen ist es so. Vor allem, seitdem ich mich wohler fühle und arbeiten gehe. Vorher war es nicht so. Später kam es dann von alleine, dass er mir nach der Arbeit mithilft. Vorher hatte er immer gesagt: Arbeite du erst mal acht Stunden durch, dann kann ich dir auch helfen. So ist es dann ja auch gekommen.

Du hast acht Stunden gearbeitet? Ich hab eigentlich vierundzwanzig Stunden gearbeitet, das Kind war ja nur am Schreien. Aber ich war dann ja zu Hause, daher war das nicht so schlimm. Man denkt, wenn man zu Hause ist, kann man sich zwischendurch mal hinsetzen, kann sich mal hinlegen und hat es nicht so schwer wie bei der Arbeit.

Die Arbeit zu Hause ist ja viel schwerer. Eine Berufstätigkeit ist dagegen eigentlich eine Entlastung. Ja, eine Entlastung. Das habe ich auch oft genau so zu Aytekin gesagt: Du hast es gut, du ziehst jetzt die Tür zu und kannst gehen und lässt uns hier sitzen. Dann sagte er: Du hast es auch gut, du kannst dich bei der Arbeit mal in die Küche setzen und eine Tasse Kaffee trinken.

Konntest du das? Damals nicht. Aber mittlerweile weiß ich ganz genau, was ich tun muss, wenn ich zum Beispiel mal in Ruhe duschen möchte. Dann bin ich schon so weit, dass ich den Fernseher anschalte, nur um duschen zu können. Furchtbar, der Fernseher als Babysitter. Hätte ich nur ein Kind, dann wäre das anders gelaufen. Bei zwei Kindern musst du ständig darauf achten, dass sie sich nicht streiten oder dass sie nicht gerade was aushecken, zum Beispiel, dass sie in die Küche gehen und den Schrank ausräumen und dass der Schrank dann auf sie fällt oder so. Immer muss ich darauf achten, dass sie nicht rauslaufen.

Aytekin widerspricht mir immer. Er sagt: Du machst dir viel zu viel Gedanken um die Kinder, lass sie doch mal in Ruhe. Aber das kann ich doch nicht, ich kann sie doch nicht einfach sich selbst überlassen, und ich kann sie auch nicht ständig vorm Fernseher rumhocken lassen und überhaupt so tun, als ob es selbstverständlich wäre, dass sie zu Hause tun und lassen, was sie wollen.

Aytekin vergleicht unsere Kinder immer mit seiner eigenen Kindheit. Er sagt: Ich brauchte das nicht, ich war als Kind mit allem zufrieden. Wir waren arm und brauchten nichts.

Er sieht vielleicht nicht, dass die Kindheit für eure Söhne ganz anders ist, als seine in der Türkei war. Der schiebt das von sich weg.

Liegt es daran, dass er meint, Kinder großzuziehen sei eigentlich keine Arbeit? Wie stellt er sich denn Erziehung vor? Der holt einen Stock und bedroht die Kinder damit. Das hatten wir gerade gestern. Er sagt, das ist richtig so. Die müssen wissen, was sie dürfen. Er ängstigt die Kinder eigentlich nur. Aber er sagt, das ist in Ordnung. Dann nimmt er sie wieder in den Arm und so. Es ist ja richtig, wenn die Kinder auf ihn hören. Aber ich weiß nicht, wie lange das so geht. Das sage ich ihm immer wieder. Du kannst sie heute mit dem Stock bedrohen, aber was willst du morgen machen, wenn die keine Angst mehr davor haben?

Aber vielleicht komme ich dagegen nicht an. Er ist der Vater, und er hat seine eigene Methode. Ich kann noch so auf ihn einreden, er hört nicht darauf.

Du kannst ja auch nicht den Kindern den Vater schlecht machen. Wir haben eine große Diskussion mit Annemarie darüber gehabt, aber ohne Erfolg. Annemarie fand das auch nicht in Ordnung, aber Aytekin lässt sich nicht überzeugen. Er meint, die Kinder müssen Respekt und Angst vor dem Vater haben. Er spielt auch mit ihnen. Wenn er kommt, dann legt er sich gleich hin, und sie toben und spielen miteinander, aber wenn sie nicht hören, muss der Stock her. Ich sag ihm immer, das ist Hilflosigkeit, seine eigene.

Es ist auch so, dass ich nicht weiß, ob ich nicht anders bin als normale türkische Frauen. Weil ich ja in diesem pädagogischen Bereich arbeite oder weil ich überhaupt anders denke oder weil ich weiß, es geht auch anders, weil ich die Erziehung ja auch ein bisschen von Annemarie habe.

Du hast doch Freundinnen, auch türkische Freundinnen. Hast du das Gefühl, du bist anders als sie? Ja. Wenn ich sage, die Kinder gucken zu viel Fernsehen, dann sagen sie: Du spinnst doch, lass sie doch Fernsehen gucken, dann haben wir unsere Ruhe. Sie legen schon Wert auf die Kinder, aber anders. Ich sehe viele türkische Kinder, die ziemlich aggressiv sind, und ich wollte nie, dass meine Kinder so werden. Ich wollte ihnen eine innerliche Ruhe geben. Und das kriegt man nicht hin, indem man diese Fragen von sich wegschiebt, ja, sich eigentlich keine Mühe mit den Kindern gibt. Die wollen gar nicht darüber nachdenken. Es ist ihnen viel gemütlicher so. Es ist ja auch viel Arbeit, sich wirklich um die Kinder zu kümmern, und man ist damit leicht überfordert. So ist das.

Und wie ist das mit deinen deutschen Freundinnen? Du hast ja auch deutsche Freundinnen, wie ist das mit denen? Die sind alle auch im pädagogischen Bereich. Darum kann man das nicht vergleichen. Ich hab eine Spanierin als Nachbarin, sie ist auch gleichzeitig meine Freundin. Sie ist mit einem Deutschen verheiratet und hat ein fünfjähriges Kind. Sie setzt viele Grenzen. Das Kind ist hyperaktiv. Und bei ihr weiß ich auch nicht so ganz, ob das so richtig ist. Sie möchte ziemlich viel ihre Ruhe haben und ist darum auch ziemlich streng. Das ist südländische Mentalität. Ja, und bei den deutschen Frauen kann ich das nicht so genau sagen. Sie sind, wie gesagt, alle im pädagogischen Bereich tätig und machen es darum auch anders.

Lass uns noch einmal auf deine Kindheit und Jugend zurückkommen, weil du darüber noch nicht viel erzählt hast. Was gäbe es da nachzutragen? Was ich jetzt erzähle, ist überhaupt nicht schön. Ich habe dir ja gesagt, dass wir wenig Geld hatten, bevor ich in die neue Schule kam, und auch danach. Wir hatten viele Schulden und mussten ständig zurückstecken. Mein Vater hat viel getrunken. Oft hat er abends gesagt: Ich brauch was zu trinken, könnt ihr euch nicht irgendwas pumpen von einer Freundin oder so? Und dann mussten wir, daran kann ich mich noch sehr gut erinnern, zu einer Freundin gehen und zu ihr oder zu ihrer Mutter sagen: Kannst du uns ein bisschen Geld leihen? Wir müssen morgen Brot kaufen, und auf der Bank ist nichts. Dann hatten sie Mitleid und haben uns ein bisschen Geld gegeben, damit wir für meinen Vater was zu trinken holen konnten. Und so ist es irgendwie gekommen, dass wir dann auch auf die falsche Bahn gekommen sind. Wir konnten uns nicht das kaufen, was wir wollten, also haben wir's geklaut.

Ihr habt geklaut? Ja. Ich fing dann an zu klauen, bis ich auf die andere Schule kam. Meine Schwester hatte mich angestiftet zu klauen.

Die ältere oder die älteste? Die ältere, die älteste war ja schon verheiratet. Und dann wurden wir auch erwischt. Wir haben nicht wenig geklaut, muss ich dazu sagen. Sachen, Klamotten für die ganze Familie, und meiner Mutter haben wir erzählt, das kriegen wir gespendet. Ja, und dann wurden wir erwischt, und Annemarie hat das mitgekriegt, dass wir geklaut hatten. Sie hat irgendetwas gesagt, und seitdem habe ich nie wieder geklaut.

Ich habe damals irgendwie zwei Leben geführt. Einmal das richtige Leben und einmal das andere, das ich eigentlich nötig hatte. Eigentlich war das schlecht. Und das Klauen war natürlich unvernünftig.

Was hat Annemarie denn gesagt? Ich weiß es nicht mehr, sie sagte auf jeden Fall, das finde sie nicht gut. Ich kann mich sehr schlecht daran erinnern, aber es hat richtig gesessen. Sie hat nicht geschimpft oder so.

Es war unangenehm für mich. Aber ich wusste, dass ich ab da nicht mehr klauen würde. Und dann kam es auch bald so, dass ich meine eigene Putzstelle hatte, und dann ging es uns ja finanziell wieder besser.

Wann hast du mit deiner eigenen Putzstelle angefangen? Mit meiner Mutter habe ich schon gearbeitet, als ich zwölf oder dreizehn Jahre alt war. Sie hatte ihre Putzstelle an der Fachhochschule, da war so eine Kantine, und da habe ich schon immer mitgeholfen. Nach zwei, drei Jahren habe ich gefragt, ob ich meine eigene Putzstelle haben darf, mit sechzehn, glaube ich, und dann habe ich meine eigene Putzstelle bekommen.

Und bis wann hast du dich mit Klauen durchgeschlagen? Ein Jahr lang, da war ich zwölf, dreizehn Jahre alt.

Ich schäme mich auch nicht deswegen. Es war nötig, ich wollte nicht mehr so aussehen, wie es damals war.

Du hattest also auch keine anständigen Klamotten? Ich habe Pullover von meinem Vater angezogen. Für was Anständiges hatten wir nicht das Geld. Keine Schuhe, keine Unterwäsche, das hat alles gefehlt.

Es muss jetzt für dich umso wichtiger sein, dass es deinen Kindern nicht so geht. Das ist es auch. Ich möchte ihnen ein Zuhause bieten. Ich möchte, dass es ihnen an nichts fehlt.

Hast du, als du ein junges Mädchen warst, immer gedacht, ich heirate später einen ganz tollen Mann, oder hast du gedacht, ich werde was ganz Tolles? Ich glaube nicht, dass ich gedacht habe, ich werde was ganz Tolles. Ich wusste wohl, dass ich irgendwann heiraten würde. Auf jeden Fall wollte ich nicht so mein Leben führen wie meine Eltern. Meine Mutter hat mir immer so eingeredet, was ein junges Mädchen haben muss oder wie sie sein muss. Das hat sie uns vermittelt.

Und wie muss ein junges Mädchen sein? Mädchen müssen vor allem sauber sein.

Sauber, heißt das äußerlich oder innerlich? Beides. Sie müssen viel sauber machen, sie müssen fleißig und gut sein. Ja, und sie müssen auch rein sein im Gewissen, sie dürfen nichts Schlechtes denken. Aber das hat sie bei ihren Kindern nicht erreicht, es klappte nicht. Vor allem sollten die Leute nicht über die Mädchen tratschen. Das war ihr ziemlich wichtig, dieses Erscheinungsbild von uns, was für einen Eindruck wir in der Verwandtschaft machen und so.

Die Mädchen müssen in der Öffentlichkeit ein gutes Bild abgeben. Aber wer ist die Öffentlichkeit? Die Familie, die Verwandtschaft, die Nachbarn. Es geht um das Ansehen überhaupt, im türkischen Volk, in der türkischen Gesellschaft.

Das war der Maßstab, dass ihr im türkischen Sinne anständige Mädchen werden solltet? Ja.

Und dazu gehört dann auch ganz klar, dass ein Mädchen heiratet? Ja. Auch dass sie nicht mit Männern herumspielt, zum Beispiel ausgeht. Meine Eltern waren so streng, die hatten immer Angst, dass wir irgendwie was mit Männern machen. Und letztendlich war das auch so. Wir haben unsere Liebe dann woanders gesucht.

Könntest du dir heute vorstellen, allein zu leben? Ja, das könnte ich.

Also insofern hat sich dein Weltbild geändert? Ich war eine Zeit lang, nachdem ich verheiratet war, richtig männerfeindlich. Ein Mann hat seinen festen Maßstab: So und so muss das laufen. Dagegen habe ich mich gewehrt. Ich habe keinen Mann mehr bedient. Oder ich habe automatisch gegen den Mann gesprochen und manchmal richtig in Familien eingegriffen, wenn ich etwas nicht in Ordnung fand, wenn zum Beispiel ein Mann seine Frau herumkommandiert hat. Dann habe ich zum Beispiel gesagt: Das kannst du doch nicht von ihr verlangen, steh doch selber auf! Ich habe einfach so darauf geachtet und das auch gesagt, dass das nicht in Ordnung ist, wie er mit seiner Frau umgegangen ist.

Und wie erziehst du deine Kinder? Ich erziehe meine Kinder nicht so, dass ich denen alles mache. Sie müssen schon selbst etwas tun. Das fängt mit dem Tellerabräumen an, und sie müssen auch mithelfen, ihr Zimmer und ihre Spielsachen aufzuräumen.

Als ich mein zweites Kind bekam, habe ich irgendwie so einen Druck gekriegt, dass ich das Haus auf einmal immer sauber halten musste. Ich hab mir selber damit Druck gemacht.

War das so eine Art Putzzwang? Ja, ich hab so einen Putzzwang gekriegt, ich hab dieses Hausfrauensyndrom bekommen. Dass alles sauber gemacht werden muss und dass ich die Kinder gut erziehe und ausgeglichen bin, alles musste stimmen. Und das habe ich nicht geschafft. Dann fing es an, dass ich immer nur sauber gemacht habe, jeden Tag die ganze Wohnung von vorn bis hinten, dass die Kinder dann zu kurz gekommen sind und alles andere auch drum herum. Ich bin dann auch nicht mehr rausgegangen. Es war so, dass ich zwei, drei Tage lang überhaupt nicht mehr rauskam vom Haus. Ich war so kaputt, die Lust war weg, und ich war immer richtig genervt. Vielleicht hatte das auch mit der Krankheit zu tun. Das kam alles auf einmal.

Wenn du sagst, du kannst dir heute vorstellen, allein zu leben, was hat sich denn da für dich geändert? Dass ich weiß, dass ich alles auch selber packen kann. Ich kann das alles, also ich kann zwar mit Aytekin leben, aber ich könnte auch ohne ihn leben.

Ist dein Bild von der Welt anders geworden? Mein Weltbild hat sich natürlich auch geändert. Wenn man vorher nicht verheiratet war oder mit einem Mann gelebt hat, dann denkt man, das Leben in der Ehe ist anders als zu Hause. Ich traue mir jetzt mehr zu und kann viele Sachen.

Trauerst du deinen Träumen hinterher? Nein, gar nicht. Das hat ja nur einen Vorteil für mich, dass mein Weltbild sich geändert hat. Ich kann unabhängig sein, ich brauche keinen Mann, ich brauche keine Eltern. Ich denke, man braucht schon Menschen. Wenn es einem wirklich dreckig geht, dann weiß man, wer zu einem steht. Das habe ich jetzt verstanden. Meine Mutter kann nicht immer für uns da sein, was sie ja auch früher nicht so war. Und mein Mann hat eine andere Vorstellung von Ehe als ich. Ich könnte ganz gut mit meinen Kindern allein leben, wenn ich genug Geld hätte. Es harmoniert ja auch manchmal mit meinem Mann. Aber was die Erziehung betrifft und was den Alltag betrifft, ist es so, dass wir außer ein bisschen Fernsehen und wenn wir irgendwo mal erscheinen müssen, nicht groß was Gemeinsames haben, außer dass er mir manchmal die Arbeit abnimmt.

Wie passt dein Weltbild zu deiner türkischen Erziehung? In der Türkei hat sich das anders entwickelt als bei den Türken, die hier leben. In der Türkei geht es den Frauen jetzt ganz anders als uns, jedenfalls im Westen.

Wie geht's denen denn? Nach dem, was ich so mitgekriegt habe bei einigen Familien, fühlen die sich viel unabhängiger. Ich konnte mich ja nicht mit vielen unterhalten, aber ich glaube, die haben mehr Freiraum, und die werden ganz anders akzeptiert als hier die türkischen Frauen. Hier müssen die alles machen, sie müssen in der Fabrik arbeiten, sie müssen arbeiten, sie müssen die Kinder erziehen, und sie müssen den Haushalt machen.

Und du meinst, das ist in der Türkei anders? In der Türkei hat sich das alles verändert. Die Ehen haben sich verändert, es ist viel demokratischer in der Ehe geworden, finde ich, wenn auch nicht überall. Einmal, vor vielen Jahren, waren wir in der Osttürkei im Dorf von Aytekin. Wir haben auch Familien in anderen Dörfern besucht. Und da war das Leben noch genauso wie früher. Da habe ich zum Beispiel eine Frau in ihrer Familie erlebt ... also, so möchte ich nicht als Frau leben, das ist eine Dienstmädchensklavin hoch drei! Die muss verschleiert gehen, nein, nicht verschleiert, aber sie macht ihr Gesicht zu mit ihrem Kopftuch, und sie redet auch nicht, wenn andere Männer dabei sind. Sie ist immer nur am Arbeiten und am Schuften, sie ist eigentlich körperlich und psychisch hin und krank. So möchte ich nicht leben. Aber ich weiß, dass in der Westtürkei die Mädchen zur Schule gehen, studieren, mehr Rechte haben und verschiedene Sprachen sprechen, also interkulturell sind und dass es denen eigentlich sehr gut geht. Und wenn ich mir das angucke, denke ich: Mensch, wie die Türkei sich doch entwickelt hat! Es gibt viele Mädchen, die auch höhere Schulen besuchen, Rechtsanwältin werden, Ärztin werden ...

Verstehe ich dich richtig, dass du das Gefühl hast, du könntest in der Westtürkei möglicherweise besser und freier leben als hier? Ja.

Und wenn du in die Türkei gehen wolltest, dann würdest du auch dahin gehen, in die Westtürkei? Ja, natürlich. Aytekins Eltern und er, also die Jungs in der Familie, die haben ja auch ein Haus gebaut, und zwar in S., das ist in der Westtürkei. Seine Eltern würden auch niemals wieder in die Osttürkei ziehen, sie haben ihre Existenz ja auch mehr im Westen aufgebaut, und zwar in einer Stadt, wo viele leben, die aus ihrem Dorf kommen. Die haben sich da trotzdem wieder zusammengefunden. Wahrscheinlich wäre es so, dass wir uns da auch nicht ablösen könnten, dass wir zum Beispiel irgendwie auch mal wegkommen könnten. Ich habe das Gefühl, dass Aytekin sich immer an seine Eltern hält, solange er lebt oder solange die leben. Da ist dieser Zusammenhalt – ganz anders als bei uns in der Familie.

Hättet ihr denn überhaupt die Möglichkeit, in der Türkei zu leben, ich meine, habt ihr ein Haus oder eine Wohnung? Wir könnten jetzt nicht von heute auf morgen dahin gehen. Wir müssten uns ja erst mal eine Existenz dort aufbauen. Wir haben da zwar drei Wohnungen stehen, aber das würde nie im Leben reichen für uns. Das heißt, dass wir, wenn wir uns jetzt schon ernsthafte Gedanken darüber machen, mindestens fünf, sechs Jahre brauchen, um dann erst dahin gehen zu können.

Und was würdest du dir davon versprechen? Was ich mir davon verspreche? Ich müsste mich einordnen, und dann käme es sehr darauf an, in welcher Gesellschaft ich dann bin. Ob ich dann zum Beispiel da lebe, wo das ganze Dorf von Aytekin ist, oder eher bei Leuten, die so leben wie die Leute in der Westtürkei. Dass ich mir noch mal so einen Freundeskreis aufbaue wie hier, kann ich mir nicht vorstellen. Wenn ich in die Türkei gehe, würde ich auch noch mal arbeiten wollen, und das ist ein bisschen schwierig, denke ich. Ich müsste noch mal Kurse machen, einen Türkischkurs vielleicht, oder noch mal in die Schule gehen. Wenn man in einem Land länger lebt, dann nimmt man ja auch die Sprache wieder auf. Es kann sein, dass ich dann Deutsch wieder mehr vergesse und das Türkische mehr lerne. Also, es kommt drauf an, was ich für mich daraus machen würde.

Du würdest da vielleicht hingehen wollen, weil du denkst, deinen Kindern geht es möglicherweise besser? Ja, ich möchte nicht, dass meine Kinder auch immer so hin- und hergerissen sind wie ich. Dieses Gefühl zu haben, man ist hin- und hergerissen.

Sind sie in der Türkei nicht auch hin- und hergerissen? Nein, da sind sie in ihrem eigenen Land. Sie sind Türken, gut, sie sind hier in Deutschland geboren, aber …

Sind sie nicht auch Deutsche, Yildiz? Ja, aber die sind noch zu klein, um zu sagen: Ich bin Deutscher.

Dann müsstet ihr aber nicht in fünf Jahren weggehen, sondern jetzt. Eigentlich ja.

Aber in fünf Jahren – sind sie dann nicht Deutsche? Es kann sein, dass sie dann anfangen zu sagen: Nein, das Leben in der Türkei ist nicht das Leben, das wir sonst immer geführt haben.

Ist es so, dass du in Deutschland tatsächlich fürchtest, dass deine Kinder irgendwann hier einmal nicht erwünscht sind, weil sie Türken sind? Ja, wenn sie anfangen, irgendwie besser zu sein als Deutsche, und wenn sie mehr haben wollen. Das fing ja schon so an, als wir ein Haus kaufen wollten, dass es dann hieß: Nein, wir verkaufen nicht an Ausländer. Und ich weiß, das will ich meinen Kindern nicht antun. Ich find das so diskriminierend. Ich bin hier geboren und spreche diese Sprache und habe mich eigentlich gut angepasst. Ich fühle mich wie eine Deutsche, und dann kriege ich immer von einzelnen Leuten so etwas zu hören.

Deine Kinder werden vielleicht noch besser angepasst sein. Vielleicht werden sie so etwas überhaupt nicht zu hören kriegen. Ja, das wünsche ich ihnen.

Du hast vorhin gesagt, dass die Türken hier in Deutschland eigentlich so türkisch sind, wie man in der Türkei vor 40 oder 50 Jahren war, dass die Türkei sich viel weiter entwickelt hat und dass die Entwicklung hier in Deutschland für die Türken stehen geblieben ist. Ja. Viele Türken, die hier leben, wenn sie im Urlaub in die Türkei fahren, wundern sich, wie sich das da entwickelt hat. Aber sie kommen aus ihrer eigenen Situation nicht raus. Die haben diese Entwicklung in der Türkei nicht mitgemacht. Hier hat alles andere zu ihrer Kultur nicht gepasst, und sie haben sich ein bisschen abgeschirmt, sie haben keine Kontakte geknüpft, oft nicht mal einen Deutschkurs gemacht, weil sie gedacht haben, das hätten sie gar nicht nötig. Obwohl es eigentlich schon sehr nötig gewesen wäre, wenn sie hier arbeiten und hier leben. Jeder andere Türke in der Türkei, der gebildet ist, würde das erst mal tun.

Können deine Eltern eigentlich Deutsch? Ziemlich schlecht. Sie können sich grade so über Wasser halten.

Wann sind die nach Deutschland gekommen, deine Eltern? Mein Vater ist gekommen, nachdem das zweite Kind geboren war. Dann hat er meine Mutter rübergeholt, und dann bin ich gleich geboren.

Und dein Vater hat hier zuerst eine Arbeitsstelle gehabt, und es ist ihm gut gegangen, und darum hat er seine Familie hinterhergeholt, ja? Ja, er hat meine Mutter dann rübergeholt. Die beiden Kleinen sind in der Türkei geblieben, sie waren bei den Omas, wo es ihnen sehr schlecht gegangen ist. Dann haben meine Eltern sie rübergeholt, und danach bin ich geboren.

Kennst du deine Omas? Ja, aber die sind jetzt tot. Ich kenne beide. Die Mutter von meinem Vater soll sehr schlecht zu meiner Mutter gewesen sein. Und die Mutter von meiner Mutter, die hatte auch so ein Weltbild, dass eigentlich nur die Männer was zu sagen haben. Darum hat sie mehr auf Jungen geachtet haben als auf Mädchen. Ja, und das hat meine Mutter irgendwo auch, das hat sie von ihrer Mutter so übernommen.

Und du, Yildiz? Nein, nein, ich hab das nicht.

Und Aytekin? Das weiß ich nicht, da bin ich mir nicht so sicher. Ich glaube, bei dem haben bestimmt die Männer eine ganz andere Rolle gespielt als die Frauen. Was ich dazu sagen muss: Ich bin ganz froh, dass ich zwei Jungen habe, weil mir das Erziehen bei Mädchen in unserer Kultur ganz schwierig gewesen wäre. Mir würde es schwer fallen, wenn ich eine Tochter hätte und die jetzt älter würde. Bei den Jungen brauche ich darauf nicht zu achten, ich meine, ob sie sich jetzt an die türkische Kultur halten oder nicht. Ich kann das ja nicht verhindern, wenn die sich verlieben, dann verlieben die sich. Bei Jungen ist das in unserer Kultur nicht so schlimm. Wenn das Mädchen sich aber mit fünfzehn verliebt, dann muss ich doch darüber nachdenken, wie erziehe ich das Mädchen, was erzähle ich ihm dann? Ich habe mich auch damals verliebt, und ich fand das in Ordnung. Ja, und ich weiß, was für Schwierigkeiten ich dann mit der Familie und mit dem Vater bekommen habe. Also in unserer Kultur ist es schwieriger, als Mädchen aufzuwachsen und ein Mädchen zu erziehen.

Deine Jungen musst du doch aber auch zur Verantwortung erziehen. Ja, aber bei denen muss ich nicht auf die Unschuld achten.

Eigentlich doch. Denn du hast ja über deine Jungen auch die Verantwortung für Mädchen. Ja, das stimmt. Aber das ist nicht so schwierig bei uns in der Kultur, als wenn ich jetzt ein Mädchen gehabt hätte.

Aber wenn ein Mädchen seine Unschuld verliert, dann kann es doch nicht mehr oder weniger dafür als der Junge, der dazugehört. Ja, das stimmt. Dann kann die Familie zu dem Vater des Jungen kommen und sagen: Dein Junge hat das und das gemacht. Zum Beispiel: Er hat meine Tochter entjungfert. Das verstehe ich. Aber ich kann es dann als türkischer Vater immer noch abweisen und sagen: Ihr hättet besser auf sie achten können. Ich finde, das ist nicht o.k., klar. Aber erzähl das denen mal!

Kannst du dir denn vorstellen, dass deine Söhne deutsche Frauen heiraten? Ja, das kann ich mir vorstellen, wenn wir weiterhin hier so leben. Wenn ich schon so eingedeutscht bin, dann werden meine Kinder bestimmt noch mehr eingedeutscht werden. Und mir wäre es dann egal, ob sie später zum Beispiel eine Deutsche oder eine Griechin heiraten.

Meist du, es wäre Aytekin auch egal? Das weiß ich nicht, ich kann nicht für ihn sprechen.

Bleiben wir noch mal bei den türkischen Mädchen. Was würdest du deinen Kindern denn sagen über ihr Verhalten gegenüber türkischen Mädchen? Du bist selber ein türkisches Mädchen gewesen, du bringst die Erfahrung mit, und du weißt, was von einem türkischen Mädchen erwartet wird. Also, was erzählst du deinen Jungen? Ja, wie das so ist. Was auf das Mädchen zukommen kann, was auf den Jungen zukommen kann, wenn es passiert.

Was kann denn auf den Jungen zukommen, schlimmstenfalls, das weiß ich gar nicht? Die Familie kann einen Aufstand machen. Und es kann sein, dass er sie dann heiraten muss, oder er wird verprügelt von den Verwandten oder von dem Vater, das kann alles passieren. Aber es kann auch sein, dass sie es einfach so hinnehmen. Man kann vorher ja auch nicht wissen, wie die Sache sich weiterentwickelt. Entweder wird sie schwanger, oder wenn sie heiratet, dann kommt sie aus dem Haus. Es kann ja sein, dass die beiden zusammenbleiben, das weiß man ja nicht.

Ist das eigentlich auch rechtlich nicht in Ordnung, kann man da strafrechtlich belangt werden? Nein. Ich weiß nicht, wie es in der Türkei ist. Aber wenn das Mädchen das gewollt hat, dann kann man nichts dagegen machen.

Was passiert eigentlich mit Mädchen, die heiraten und die nicht mehr »unschuldig« sind? Die werden anders angesehen, nehme ich an. Ich weiß es nicht genau, aber ich kann mir das gut vorstellen. Es kommt auch darauf an, ob das Mädchen die Unschuld bei diesem Mann verloren hat, den sie heiratet, oder schon vorher. Ich habe keine solche Situation so mitgekriegt, dass ich das genauer sagen kann.

Spricht man über so was? Kann man über so was mit seinen Eltern sprechen oder mit Schwiegereltern? Nein, nein.

Also ist das ein Thema, über das man nicht spricht? Ja, hier in Deutschland auf jeden Fall. Ich weiß nicht, in der Türkei hat sich das vielleicht anders entwickelt. Aber ich hab das auch nicht mitgekriegt, wenn ich da war, dass man über so was mit Älteren spricht.

Du selbst hast von deiner Mutter eigentlich nur erfahren, du musst deine Unschuld bewahren und achten, das ist dein höchstes Gut sozusagen. Ja, genau. Das ist auch die Ehre der Familie.

Haben Männer auch eine vergleichbare Ehre, gibt es irgendwas, was Männer auf keinen Fall tun dürfen? Ich denke schon. Wenn ein Mann zum Beispiel verheiratet ist und wenn eine andere Frau dann von ihm auch ein Kind kriegt und es kommt raus, dann redet man darüber und zeigt mit dem Finger auf ihn, wenn auch in anderer Weise.

Kennst du so einen Fall? Ist so etwas in deiner Umgebung noch nie passiert? Oder wird das dann verschwiegen? Bei Männern ist das eben etwas anderes. In unserer Kultur werden Männer ganz anders angesehen als Frauen. Was Männer machen, kann man immer verzeihen. Und immer können sie sich die Hände wieder reinwaschen. Aber bei Frauen geht das nicht, als Frau ist man abgestempelt.

Du sagst, die können sich die Hände wieder reinwaschen. Gibt es da so etwas Sinnbildliches, was man tun kann, um sich zu reinigen? Ja, wenn er wieder zu der Familie zurückkehrt oder wenn er es wieder gutmacht, wenn er anständig wird.

Und Frauen haben so eine Chance nicht? Die sind abgestempelt. Natürlich gibt es auch Frauen, die mal mit einem anderen Mann was haben, während sie verheiratet sind. So etwas habe ich auch schon mitgekriegt, dass eine Frau dann durchbrennt, so aus Lust und Laune. Diese Frau ist später wieder zurückgekommen zu der Familie, und sie wurde nicht gut angesehen, aber jetzt hat sie wieder ihren Platz, wo sie vorher gewesen ist, und das ist in Ordnung. Das ist dann nun halt mal so gelaufen.

Gibt es denn in türkischen Familien so eine richtige Rangordnung, welche Frau wichtig ist und welche Frau weniger wichtig ist? Also Schwiegermütter sind immer wichtig. Danach kommt die älteste Schwiegertochter, und dann geht es weiter abwärts. Das ist genauso wie bei den Töchtern auch. Es ist zum Beispiel extrem deutlich in Aytekins Familie. Da kann ich das gut beobachten. Die Älteste wird anders angesehen als die Jüngste. Da ist diese Rangordnung, das merkt man ganz deutlich.

Und ist das bei den Schwiegertöchtern auch so? Ja, wenn auch nicht untereinander. Aber wir werden anders angesehen von denen drum herum. Die Älteste hat mehr zu sagen. Wie das kommt, weiß ich nicht, ich hab damit vorher nie was zu tun gehabt. Ich kannte nur meine Familie, und was ich außerhalb von der Familie bei anderen gesehen habe, das war auch anders. Ich konnte mir darum nie den Sinn dieser Sache verständlich machen, ich musste immer nachfragen.

Kann deine Schwiegermutter dir sagen, du musst dich so und so und so verhalten? Sie kann es mir nebenbei sagen. Sie kann sagen, bei uns ist es so und so gewesen. Ob ich das dann so mache, wie sie sagt, oder nicht mache, das liegt an mir.

Und was ist, wenn du es nicht machst? Meine Schwiegermutter sagt mir etwas, und ich muss entscheiden, ob ich das mache oder nicht. Ich bin ja auch nicht eine Person, die respektlos ist. Aber wenn mir etwas nicht gefällt, dann sage ich das halt oder mache es dann eben nicht. Bis jetzt haben meine Schwiegereltern noch nie irgendwas dazu gesagt, sie haben nie irgendwas gegen mich gesagt.

Es gab mal so zwei Streitigkeiten zwischen mir und Aytekin. Da hat Aytekin seine Eltern geholt und meine Eltern und hat das erzählt, was hier so passiert, dass ich nicht regelmäßig zu meiner Schwiegermutter gehe und dass ständig Streit ist. Da hat sie gesagt: Ich verlange doch nichts von dir, eigentlich müssten Schwiegertöchter dies und das tun, sauber machen bei mir und bügeln und so. Aber von dir kommt nichts. Sie hat es mir zwar so gesagt, aber sie hat noch nie gefordert: Komm und mach mal dies und das für mich.

Sie hat erwartet, dass du das von allein tust? Sie hat erwartet, dass ich das von allein tue, wie das Schwiegertöchter halt so machen. Und ich habs bis jetzt noch nie gemacht, außer wenn sie gesagt hat: Es kommt Besuch, kannst du mir mal helfen? Wenn so ein großer Besuch kam, dann kamen aber auch die anderen Schwiegertöchter.

Und gibt es irgendeine andere Schwiegertochter, die das macht bei deiner Schwiegermutter? Ja, und zwar ist das eine entfernte Cousine von denen, die dann Aytekins Bruder geheiratet hat, den jüngeren. Die macht eigentlich alles, was sie sagt. Sie sagt, sie wurde aus dem Dorf geholt und sieht das eigentlich als selbstverständlich an, was sie da macht.

Sie weiß, was sie tun muss, wie sich's gehört. Sie hat auch zusammen mit der Familie gelebt, bis sie ein Kind gekriegt hat. Dann haben die beiden gesagt: Wir ziehen aus und nehmen uns eine Wohnung und wollen für uns leben. Und so haben sie es dann auch gemacht.

Und kümmert sie sich weiter um deine Schwiegereltern, also hilft sie ihnen im Haushalt und so? Ja, sie geht einmal in der Woche zu ihnen und putzt da ordentlich, und wenn Besuch kommt, dann ist sie immer die Erste, die da ist und hilft.

Und das würde eigentlich von dir auch in größerem Ausmaß erwartet? Ja, das wird erwartet von allen Schwiegertöchtern.

Und hat das eine Auswirkung auf das Ansehen der Söhne, wie die Schwiegertöchter sich verhalten? Nein. Ich habe jedenfalls nie mitgekriegt, dass sie dann den Söhnen Vorwürfe machen, dass sie zum Beispiel sagen: Warum macht deine Frau das nicht? Ob sie das je gesagt haben oder nicht, das weiß ich nicht. Auf jeden Fall sagt es Aytekin. Wenn mal irgend so was war, wenn Aytekin und ich das dann untereinander besprochen haben und ich gesagt habe, ich mach das nicht, dann hat er gesagt: Das ist deine Pflicht, und wenn du es machst, ist es gut, wenn du es nicht machst, ist es auch gut. Dazu kann ich nichts sagen. Aber es ist deine Pflicht.

Das heißt, du hast dann eigentlich ein Problem mit ihm? Es kommt darauf an, was ich davon annehme. Wenn ich sage, ich mache es nicht, dann mache ich es nicht.

Ja, ich sträube mich dagegen, weil ich so viel Druck gehabt habe. Ich möchte nicht mehr unterdrückt werden. Wäre ich nicht so unter Druck, wäre ich vielleicht ein bisschen mehr bereit dazu, so etwas zu tun. Es ist ja kein Beinbruch oder so. Aber ich sträube mich dagegen. Es ist so in mir. Ich weiß, dass das falsch ist. Ich denke, wenn man eine gute Ehe führen will, dann müsste man auch so ein bisschen kollegial sein und das machen, was eigentlich selbstverständlich für die Älteren ist. Aber ich bin aufmüpfig, das merke ich selber. Ich will das gar nicht, aber das ist so ein Gefühl, das mir immer wieder hochkommt, dass ich mich wehre, wenn ch etwas tun muss. Wenn ich es muss, dann mache ich es nicht.

Gibt es denn irgendwas, was deine Schwiegereltern für dich tun? Ja. Wenn wir sagen: Wir möchten ausgehen, könnt ihr rüberkommen, oder können wir die Kinder bringen?, dann sagen sie immer: Kommt und bringt nur die Kinder. Und jetzt kommt so langsam von den anderen die Kritik, ich würde die Mutter und den Vater zu sehr damit einspannen, dass sie immer auf meine Kinder aufpassen, wenn wir ausgehen.

Von wem kommt das? Von den Geschwistern.

Das heißt, die machen das nicht so? Die haben es vorher genauso gemacht. Die sind arbeiten gegangen und haben zeitweise ihre Kinder dagelassen. Ich mache das nur, wenn ich ausgehe oder wenn die Kinder krank sind und ich arbeiten gehe. Dann kann es sein, dass ich die Kinder mal zu den Schwiegereltern bringe. So viel in Anspruch nehme ich die auch nicht. Es sind diejenigen, die das jetzt nicht mehr nötig haben, ihre Kinder dazulassen, von denen die Kritik kommt. Ich weiß ganz genau, dass die Eltern vorher deren Kinder Tag und Nacht dagehabt haben. Komischerweise kriege ich es immer ab, dass sie zu mir sagen, es reicht jetzt. Sie sagen das nicht direkt zu mir, aber in meiner Gegenwart sagen sie es zu der Mutter.

Hast du eigentlich unter deinen Verwandten, also unter deinen Schwägerinnen und Schwagern, welche, mit denen du befreundet bist, mit denen du dich gut verstehst? Ja, mit dem einen mehr, mit dem anderen weniger. Es gibt eigentlich mit allen die gleiche, freundschaftliche Basis. Aber so ganz richtig befreundet bin ich mit ihnen nicht, dass ich ihnen alles anvertraue und dass sie mir ebenso viel anvertrauen.

Bedeutet das, was du so erzählst von deinen Schwägerinnen und Schwagern, dass es auch ein bisschen eine Konkurrenzsituation unter euch gibt? Ja, es kommt vor, dass sie mich zu etwas überreden wollen oder dass sie irgendwie Druck auf mich ausüben. Aber es ist so, dass ich meinen eigenen Weg gehe und denen auch sage, was ich denke. Die können mir keinen Druck machen, weil ich mir von ihnen keinen Druck machen lasse. Ich rege mich zwar manchmal sehr über sie auf und sage es ihnen auch, oder ich sage es Aytekin, aber ich lasse mich nicht unterdrücken von denen. Ich gehe meinen eigenen Weg.

Woran liegt es, dass du sagst, ihr, Aytekin und du, ihr habt keine gemeinsamen Freunde? Ihr habt die Familie, aber keine gemeinsamen Freunde. Es liegt an Aytekin. Aytekin hat seine Arbeit, er hat seine Familie, und mehr braucht er nicht. Er schließt keinen Kontakt, um mal andere kennen zu lernen. Er macht auch nicht viel mit seinen Bekannten, er hat zwar seine Fußballmannschaft und seine Arbeitskollegen, aber mit denen unternimmt er nicht viel. Er pflegt diese Kontakte nicht sehr.

Kennst du diese Fußballfreunde und Arbeitskollegen? Nein, das sind verschiedene Bereiche. Fußball gucken, das macht mir einfach keinen Spaß. Ich habe andere Interessen. Mit seiner

Arbeit ist es so ähnlich. Einmal war sein ehemaliger Arbeitskollege da mit der Familie, aber man muss sich ja auch ein bisschen verstehen unter den Familien, und das war nicht der Fall. Wir haben versucht, mit ihnen Urlaub zu machen, aber das ging daneben. Das klappte überhaupt nicht. Mit dem Mann schon, aber mit der Frau nicht.

Ich wüsste auch nicht, was ich Aytekin sagen soll. Er müsste sich ja um Kontakte bemühen, er müsste von sich aus sagen: Ja, den finde ich in Ordnung, oder so. Ich kann ihm doch nicht sagen: Mit denen könntest du doch mal Freundschaft schließen, das muss er selber wissen.

Und über eure Kinder, entwickeln sich da neue Kontakte? Die sind ja jetzt erst im Kindergarten. Da haben die einen Freund. Mit unserer Nachbarin bin ich gut befreundet, die kommt fast jeden Tag. Aber Aytekin zieht sich vor ihrem Mann auch zurück. Der spielt Handball, ist auch eigentlich ein ruhiger Typ, aber Aytekin sagt: Ich weiß ja nicht, was ich mir mit dem erzählen soll. Ich glaube, das ist auch so ein bisschen bewusstes Distanzhalten von Aytekin, mit den Nachbarn nicht so viel Kontakt zu haben. Vielleicht hat er ein bisschen Angst, dass wir dann irgendwie zu privat werden, zu familiär.

Dass ihm jemand in die Suppe guckt? Ja, genau. Er braucht auch keine Freunde, weil er die ganzen Brüder und die ganzen Geschwister und die ganzen Schwager und Cousinen und Cousins hat. Darum sagt er, er bräuchte keine Freunde, nicht von außerhalb. Manchmal nehme ich ihn mit zu meinen Freundinnen oder bringe meine türkische oder meine deutsche Freundin in die Familie mit, aber da entsteht kein Kontakt. Immer muss ich sagen: Jetzt komm, lass uns mal zu der Familie gehen, ich habe einen Termin gemacht, kannst du dann und dann ...

Gibt es unter deinen deutschen Freunden oder bei den deutschen Familien, die du kennst, auch welche, bei denen du dich »wie zu Hause« fühlst, wie man so sagt? Das ist unterschiedlich. So viel Gastfreundschaft wie hier bei euch habe ich selten erlebt. Normalerweise, wenn ich in eine Familie reinkomme, kann ich mich gut anpassen. Und ich weiß auch, wann es genug ist. Ich merke, ich spüre dann auch, irgendwann wird es zu viel, wenn man ein paar Stunden zusammen ist. Hier geht's mir gut, ich fühle mich wohl, und es ist einfach schön. Das ist was für mich etwas Besonderes, was ich so noch nie erlebt habe.

Gestern hast du von der Familie erzählt, wo du als Kind, als Schülerin, oft warst, in der Grundschule. Warst du bei denen nicht auch »wie zu Hause«? Ja. Bei denen war ich immer. Ich war ein Kind, ich war von morgens bis abends da, ich hab sie morgens schon vor der Schule abgeholt und war ziemlich früh da, weil ich immer dieses Gefühl hatte: Da ist es so harmonisch, und das ist schön, wenn die Mutter aufsteht und dem Kind Frühstück macht. Zu der Zeit war ich dann immer schon da. Ich bin um sechs Uhr aufgestanden und bin zu denen rübergegangen. Aber irgendwann ist mir aufgefallen, dass das zu viel wurde für die Familie. Sie sind dann zum Beispiel zu Tisch gegangen und haben mich nicht gerufen. Oder haben gesagt, wir unternehmen das und das, haben das unter sich besprochen und haben zu mir gesagt: So, jetzt musst du gehen. Also ich wurde doch nicht so richtig aufgenommen. Das war auch zu viel. Ich hab mich ja auch so richtig reingedrängelt, hab ich heute das Gefühl. Aber ich fand es eben so schön bei ihnen, und ich wollte das so miterleben.

Hast du das darauf geschoben, Yildiz, dass du keine Deutsche bist? Nein. Ich wusste, das war einfach zu viel verlangt von mir, dass ich da den ganzen Tag da war.

Wie machst du das denn bei deinen Kindern, wenn die Freunde mitbringen? Der Nachbarjunge kommt immer. Wenn er möchte, dann klopft er an die Tür und kommt rein und kann dann auch so lange bleiben, wie er möchte. Und wenn wir essen, dann wird er natürlich an den Tisch geholt, und wenn die Mutter auch da ist, dann isst die ganze Familie mit am Tisch. Das Problem ist nur, dass der Junge bei anderen Leuten nichts isst. Wenn er in Spanien ist, dann müssen sie immer versuchen, ihm irgendwo etwas zu essen zu geben, er isst nirgendwo, wo er nicht zu Hause ist.

Wisst ihr schon, in welche Schule ihr eure Kinder schicken wollt? Nein, wir tun uns total schwer damit. Da, wo wir wohnen, ist in der Nähe eine Grundschule, und die hat keinen guten Ruf. Da sind so viele Ausländer, und man sagt, die Lehrer würden sich keine Mühe geben. Ich kann nur sagen, was ich darüber gehört habe. Diese Schule sieht auch ziemlich düster aus, also sie ist keine freundliche Schule. Da wo ich arbeite, gibt es in der Nähe auch eine Grundschule, aber die kenne ich nicht. Das ist ja auch ein Viertel, wo die ganze Minderheit abgeschoben ist, wo die ganzen Asylanten wohnen. Das würde mir ja nichts ausmachen, aber ich weiß eben nicht, wie die ist. Ich müsste sie mir angucken.

Und in der Schule, in die du gegangen bist? Ja, da hat man bessere Möglichkeiten. Aber Aytekin hält nichts von dieser Schule.

Warum nicht? Weil er gesehen hat, wie freizügig ich damit umgegangen bin. Wir haben das nur einmal besprochen, und da hat er gesagt, er hält nichts davon. Darüber müsste ich mit ihm genauer reden.

Hat das etwas mit deinem Schulabschluss zu tun? Ja, die Sache mit meinem Schulabschluss, wie das damals zustande gekommen ist. Darüber möchte ich noch reden. Aber auch noch über Annemarie. Wir haben ja viel von mir gesprochen, aber Annemarie ist nicht so viel vorgekommen.

Mein Gefühl zu Annemarie kann ich nicht so einordnen, sie ist da, und wenn ich sie brauche, dann brauche ich sie nur anzurufen, und sie ist schon da. Ich weiß nicht, wie ich das bezeichnen soll. Ob sie meine Lehrerin ist, meine Freundin – auf jeden Fall sage ich immer, Annemarie ist eine Lehrerin von mir, aber irgendwie fühle ich auch, das Wort Lehrerin ist zu weit weg. Und dabei steht ja Annemarie bei mir innen drin.

Zu Annemarie kann ich immer gehen, und Annemarie ist auch die Person, die immer versucht, mir zu helfen. Sie nimmt auch immer gleich etwas in Angriff, sie kann nicht nur zuhören, sondern immer auch irgendwas aus mir herausholen oder in mir bewegen. Dann denke ich: Ja, so mache ich das jetzt. Annemarie war für mich eine Person, wie ich es jetzt für meine Kinder im Kindergarten bin. Das hab ich von Annemarie gelernt, was ein Kind braucht. Wie man mit einem Kind reden muss, dass man es ernst nehmen muss als Person und nicht als Kind. Ich versuche das immer zu verwirklichen, wenn ich nicht unbedingt so gestresst bin und soweit ich es kann.

Hast du denn in deiner Schulzeit das Gefühl gehabt, dass du für Annemarie jemand Besonderes bist? Also irgendwann, ich weiß nicht, ob das auf der Fahrt nach Paris, auf diesem Klassentreffen, gewesen ist oder Ende des 10. Schuljahrs. Auf jeden Fall kam dann irgendwie von Susanne: Ach Yildiz, du bist ja sowieso eine Lieblingsschülerin von Annemarie. Das war mir vorher noch nie aufgefallen. Ich dachte immer, Annemarie ist zu jedem Kind so. Ich hab sie nur mehr in Anspruch genommen, das war aber von meiner Seite, aber Annemarie war ziemlich gleich gerecht.

Zu allen Kindern? Zu allen Kindern. Alle Kinder in der Gruppe waren ihre Kinder.

Das Schönste, was du mir über Annemarie erzählt hast, war, dass du gesagt hast, sie hat mir die Fähigkeit gegeben zu sehen, was ich überhaupt in mir habe. Ja, aus meinem Verhalten oder durch das Erzählen wusste sie, wo meine Schwerpunkte sind, was ich aus mir machen kann. Ich hatte begeistert von dem Krankenhaus, von dem Praktikum, erzählt, und da meinte sie: Jetzt müssen wir ein Buch herausfinden, aus dem du schon vorher etwas lernen kannst, und später musst du dich dann darauf spezialisieren.

Oder das Reden. Ich hatte vorher immer Angst, irgendwas zu reden, auch, meine Meinung zu sagen. Ich weiß nicht, ob es an der Schule oder überwiegend an Annemarie liegt, dass ich frei reden kann, was ich denke. Wenn ich denke, so, das muss ich jetzt sagen, dann sage ich das. Ich muss mich nicht zurückhalten. Dieses freie Sprechen, die freie Meinung einfach rauszureden, das habe ich gelernt.

Sie hat dir die Sicherheit gegeben, dass das, was du denkst, auch in Ordnung ist und dass du ein Recht hast, das auch auszusprechen, dass deine Meinung wichtig ist. Ja.

Ich denke jetzt an den Text, den Annemarie über dich geschrieben hat. Ich hatte beim Lesen das Gefühl, es war für sie eine schwere Sorge, dass du keinen besseren Schulabschluss geschafft hast. Ja. Ich war traurig, dass ich Annemarie nichts geben konnte. Das wäre ja auch ihr Stolz gewesen: Ich hab's endlich doch geschafft, dass Yildiz einen guten Abschluss macht. Das ist ja das Ziel von Lehrern, dass ihre Schüler einen guten Abschluss bekommen, nehme ich mal an. Und Annemarie hat mir so viel gegeben, aber ich konnte ihr diesen Gefallen nicht tun. Da war ich ziemlich traurig, wegen Annemarie. Ich konnte damals nicht sehen, was das für meine Zukunft bedeutet, wenn ich einen schlechten Abschluss habe. Natürlich war ich auch ein bisschen traurig darüber. Heute finde ich, das ist traurig, aber nicht so wichtig. Ich habe im Moment eine gute Arbeitsstelle, und wenn ich wirklich noch mehr daraus machen möchte, dann müsste ich noch mal zur Schule gehen, das weiß ich.

Aber sie denkt nicht, du hast etwas falsch gemacht, sondern sie denkt, die Schule hat etwas falsch gemacht. Ich denke das nicht! Ich denke nicht, dass die Schule was falsch gemacht hat. O.k., mein Verhalten war zwar nicht schlecht, ich hatte vielleicht dieses soziale Verhalten, aber ich musste ja auch was für die Schule tun, dafür war ich ja da. Ich kann ja nicht von der Schule verlangen, so, jetzt schreibt ihr mir für soziales Verhalten eine Eins, und das andere drum herum das fehlt mir eben. Ich merke es ja, dass es mir fehlt, die Rechtschreibung und was weiß ich, in Mathematik wäre ich jetzt eine Null. Also ich mache mir jetzt schon Sorgen, wie es wird, wenn ich meinen Kindern bei den Schulaufgaben helfen muss.

Daher bin ich der Schule und Annemarie auch nicht böse, es ist meine eigene Schuld. Man muss ja was bringen, und kann man nicht nur was verlangen. Ich weiß noch, als ich im achten oder 9. Schuljahr war, da hatten wir einen Mathelehrer, Spiegelei haben wir den genannt. Und was der unterrichtet oder versucht hat, mir zu erklären, das habe ich verstanden. Und ich hab's wirklich richtig hingeschrieben und auch das gerechnet, was er haben wollte. Dadurch habe ich eine gute Note bekommen. Und da waren die andern so was von sauer, denn eigentlich hatte ich ja nie so richtig mitgemacht, und eigentlich waren meine Leistungen überhaupt nicht so gut. Dass ich bei diesem Spiegelei eine Drei oder eine Zwei bekommen habe, die er mir damals gegeben hat, das war einfach nur, weil er mir zu einer bestimmten Zeit etwas erklärt hatte und ich es dann richtig gemacht habe, und dadurch hatte er den Eindruck, dass ich gut bin.

Und deswegen habe ich die Note gekriegt, und die anderen waren alle sauer.

Der Mathelehrer, der danach kam, konnte dir das nicht so erklären, dass du es auch begriffen hast? Der ist ja neu in unsere Schule gekommen und konnte sich nicht um die einzelnen Personen kümmern. Er hat uns zwar angeboten, nach der Schule freiwillig da hinzukommen, er wollte so Förderkurse für uns machen, aber da bin ich nicht hingegangen. Ein-, zweimal, und dann war mir das egal.

Auf den Unterricht von Annemarie habe ich mich immer gefreut, da konnte man entspannt zuhören, man konnte entspannt am Unterricht teilnehmen, weil Annemarie den Unterricht irgendwie viel lockerer gestaltet hat. Sie hat gesagt, geht in die Bibliothek und setzt euch in Gruppen zusammen und macht. Oder wir haben uns zusammen auf den Boden gesetzt und geredet. Ja, dieser Unterricht war so locker und schön, man konnte gern zuhören, und dann sind wir auch mal nach draußen gegangen oder waren zwischendurch mal in der Cafeteria und haben Pause gemacht, bevor wir mit dem Unterricht draußen weitergemacht haben. Also, sie hat diesen Unterricht richtig gerecht für Kinder gemacht. Ganz anders als andere Lehrer, ich hab das noch bei keinem Lehrer so mitgekriegt. Der eine oder der andere war genauso nett, aber Annemarie hat das ganz anders gestaltet, so richtig, wie sie für ihre Kinder sorgt. So hat sie ihren Kindern das vermitteln wollen.

Wie hast du dich denn gesehen in der Gruppe? Es war schon so, dass mich alle akzeptiert haben, aber mir ist nie so aufgefallen, dass ich besonders gut Streit oder Konflikte schlichten konnte. Es waren alle so wie ich, hab ich das Gefühl. Annemarie hat das so weit gebracht, dass wir Konflikte zusammen lösen konnten. Und wenn wirklich mal ein Streit unter einigen war, dann haben wir jemanden aus meiner Gruppe, der das ganz toll gemacht hat, Streit und Konflikte zu lösen, dazugeholt, Annemarie hat sich zurückgezogen, und wir mussten das allein lösen. Das war so, dass sie gesagt hat: Ich gebe euch die Zeit, und ihr müsst das alleine machen. Annemarie hat uns auch nie mit strengen Worten bedroht, so wie manche Lehrer meinen, man müsste Respekt vor ihnen haben, und wenn sie schreien, dann müssten alle horchen. Das hat Annemarie nie gemacht. Sie hat das immer so ohne Druck und mit Liebe hingekriegt – ich weiß nicht, wie ich das formulieren soll.

Hattest du in der Zeit in der Schule eine richtig gute Freundin oder einen richtig guten Freund in deiner Gruppe? Nein, so einen richtigen Freund oder eine Freundin hab ich nicht gehabt. Die waren irgendwie viel zu jung für mich. Ich hab mir dann immer Freunde aus den höheren Klassen gesucht, weil wir besser zusammengepasst haben.

Und ist dir da noch jemand übrig geblieben, von den Freundschaften aus der Zeit? Nein. Wenn ich den einen oder den anderen sehe, dann freuen wir uns und umarmen uns, aber es ist nicht so, dass wir uns noch weiterhin treffen.

Hast du überhaupt noch eine Freundin oder einen Freund aus deiner Kinderzeit? Diese Freundin aus der Grundschule, wir sind weiterhin zusammen. Sie hat Vierlinge bekommen. Und dann habe ich ihr auch ganz oft angeboten, dass sie mal kommt, dass sie aus dem Haus rausgeht oder dass ich mal zu ihr komme. Im Dezember haben wir uns zuletzt getroffen. Ja, ich versuche, den Kontakt weiterhin zu halten, weil sie auch so ein Stück aus meinem Leben ist und jemand, der mir viel gegeben hat

Du wolltest noch erzählen, wie sich der Kontakt zu Annemarie später entwickelt hat. Ja. Es fing damit an, dass ich dieses Hausfrauensyndrom bekommen habe und dass ich überfordert mit meinen zwei Kindern war. An einem Abend habe ich so überfordert mit den beiden im Bett gelegen und versucht, sie zur Ruhe zu bringen, und ständig hat mein Sohn, der damals knapp zwei Jahre alt war, immer wieder gesagt: Mama, noch mal Pulle und noch mal Pulle. Und jedes Mal, wenn ich ihm eine Pulle geholt habe, ging es wieder los: noch mal Pulle und noch mal Pulle. Und dann hab ich ihn über's Knie gelegt und ihm einen Klaps auf den Po gegeben. Das hat mich so erschreckt, weil ich richtig zugehauen habe aus Frust und Aggression, dass ich am nächsten Morgen dann Annemarie angerufen habe, um Hilfe zu holen, weil ich wusste, das ist nicht richtig. So darf kein Kind erzogen werden. Annemarie war sofort da. Wir haben lange über Ehe und Kinder gesprochen, und ich hab das Gefühl gehabt, ich bin nicht allein. Mit meiner Mutter hätte ich das nicht besprechen können. Ich wusste, Annemarie kann mir helfen.

Und wie ist das dann weitergegangen, habt ihr euch weiter gesehen, habt ihr weiter miteinander geredet? Ja, später wurde mein Kind, also Timur, an der Niere operiert, und ich war so verzweifelt und so traurig, dass ich dann Annemarie auch wieder angerufen habe. Dann ist sie gekommen, und wir haben zwei oder drei Stunden zusammen gesprochen, und sie hat immer versucht, mich zu entlasten mit den Sorgen. Sie ist dann weggefahren und hat mir Bücher geholt, so dass ich mit den Gedanken auch so ein bisschen wegkommen konnte. Sie war so nett, sie hat sich immer so richtige Mühe gegeben. Das hätte meine Mutter so nicht machen können, glaube ich. Das ist gemein meiner Mutter gegenüber. Da fühl ich mich natürlich auch wohl, aber – es ist so doof, dieser Spruch – aber hier fühl ich mich frei wie ein Vogel, so sorgenlos und einfach gut. Und entspannt. Bei meiner Mutter bin ich selbst irgendwie so ein Stück Verantwortung, aber hier kann ich mich so lassen und fallen lassen.

Ich verstehe dich so: In den türkischen Familien, an die du jetzt gedacht hast eben, da hast du deinen Platz und deine Rolle und deine Verantwortung. Und im Gespräch mit Annemarie siehst du dich anders: als die Yildiz, so wie sie sein kann, und nicht die Yildiz, so wie sie im Leben sein muss. Als die Yildiz mit ganz vielen Möglichkeiten, die sie noch nicht ausgelebt hat. Ja, genau.

Gune Weihe:

Was mich bei Yildiz am meisten beeindruckt, sind ihre Offenheit und ihr Mut zur kritischen Auseinandersetzung – auch mit sich selbst. Wahrscheinlich wird sie nie vor einem Konflikt davonlaufen oder kapitulieren, sondern als »kleines Energiebündel«, das sie heute noch ist, auf vernünftige Lösungen dringen. Und vielleicht – so hoffe ich im Stillen – wird sie so, in Verbindung mit der liebevollen Sanftmut, die sie sich dennoch erhalten hat, gemeinsam mit ihrer und für ihre kleine Familie einen Platz finden, wo alle sich zu Hause fühlen. Und ich hoffe, er wird in Deutschland sein.

In meinem kleinen Garten habe ich den weißen Rittersporn gepflanzt, den Yildiz und Aytekin mir zum Abschied geschenkt haben. Er begleitet im Juni licht und strahlend eine tiefrosa blühende Zentifolienrose, die eine Freundin mir als kleinen Ableger aus einem alten Bauerngarten mitgebracht hatte, wo die Mutterpflanze in einem entlegenen deutschen Mittelgebirgsdörfchen Jahrzehnte oder sogar Jahrhunderte überdauert hatte. Inzwischen ist aus dem Ableger eine mächtige Pflanze geworden, die uns Jahr für Jahr mit einer Überfülle von Duft und Blüten beschenkt.

Wann immer ich mich daran gefreut habe, waren meine Gedanken auch bei Aytekin, Yildiz und Annemarie, die übrigens meine Schwester ist.

In den gemeinsamen Tagen mit ihnen hat mich das Bewusstsein begleitet, dass und wie sehr wir gerade mit unseren »kleinen« Lebensgeschichten Geschichte schreiben und so mit verantworten.

Der Brief, den Annemarie Yildiz nach unserem gemeinsamen Wochenende schrieb, schreibt ihre gemeinsame Geschichte weiter und soll sie für dieses Buch abschließen.

»Ich kann mir keine schönere Bestätigung wünschen«

Annemarie an Yildiz

Liebe Yildiz!

Neulich hast du gesagt: Wenn ich an meine Kindheit denke, dann sehe ich mich hinten bei dir im Auto sitzen, und wir fahren zusammen durch die Gegend. Mir fällt spontan ein anderes Bild ein, wenn ich an unsere gemeinsame Zeit denke: Ich mache die täglichen Handgriffe in unserem Klassenraum, räume etwas ein oder auf oder weg, gieße die Pflanzen oder arbeite an der Schreibmaschine, und du bist in der Nähe und wartest auf eine Lücke für ein Gespräch. Oft bist du auch in den Pausen oder nach Schulschluss noch dageblieben, um deine kleinen oder größeren Geschichten loszuwerden. Ich habe dir immer gern zugehört, nicht nur, weil ich wusste, dass du solche Zuwendung sehr brauchtest, nicht nur, weil ich täglich von dir gelernt habe, wie es ist, wenn man als türkisches Mädchen in Deutschland heranwächst und sich in und zwischen zwei Kulturen zurechtfinden muss, sondern auch, weil du für mich ein besonderes und besonders liebes Kind warst: voller Vertrauen, anhänglich und dankbar. Sechs Jahre hat unsere gemeinsame Zeit gedauert, du hast in der Schule und an mir die Orientierung gehabt, die ein Kind braucht, und ich habe dir ein Stück von der Welt gezeigt. Das war die natürliche Rollenverteilung zwischen uns, und insofern stimmen unsere unterschiedlichen Bilder ganz genau.

Was du im Gespräch mit Gune über deine Schulzeit und über mich gesagt hast, hat mich sehr bewegt, angerührt und nachdenklich gestimmt. Nun versuche ich, meine Gedanken zu ordnen und gleichsam als Nachklang zu unserem Gesprächswochenende aufzuschreiben.

Ich kann mir als Person und als Lehrerin keine schönere Bestätigung meiner Arbeit wünschen als solche Sätze, wie du sie gesagt hast. Ich weiß, dass ich für dich eine wichtige Erwachsene war, und du weißt, dass du für mich nicht ein Kind unter vielen, sondern eben ein besonderes warst. Es ist gut, sich das einmal bewusst zu machen und auch zu sagen. Wenn mich die Lektüre deines Textes trotzdem nachdenklich und teilweise traurig stimmt, so deshalb, weil er von dem gleichen Widerspruch geprägt ist, der schon deine Kindheit ausmachte, eben dem Leben in und zwischen zwei Kulturen. Daran hat sich nichts geändert, und dabei kann dir letztlich auch niemand helfen.

Ich habe auf andere Weise auch viel aus dem Gespräch mit Aytekin gelernt, nicht nur über ihn, seine Anschauungen und sein Denken, nicht nur über das Leben in der Türkei, sondern indirekt auch über dich und euer beider Zusammenleben. Er hat seine Kindheit in dem kleinen Bauerndorf in Ostanatolien so anschaulich geschildert und mit solcher Dankbarkeit davon gesprochen, dass man merkt: es war eine reiche, schöne und erfüllte Kindheit, mögen die Lebensverhältnisse auch noch so arm gewesen sein. Daran ist mir noch einmal klar geworden, wie viel du in deiner Hochhaus-Etagenwohnungs-Kindheit nicht gehabt hast, wie anders und vergleichsweise armselig sie war: ohne Natur, ohne die größere Gemeinschaft und ihre feste Ordnung. Dir haben deine Eltern zwar auch gesagt, worin die Ehre eines Mädchens besteht, und du hast dich dem angepasst. Zugleich musstest du dem allzu engen Käfig deiner häuslichen Verhältnisse so oft wie möglich entfliehen, um du selbst zu sein und deine Freiheit zu finden.

Neulich hast du mich an eine Szene erinnert, die ich vergessen hatte. Du hattest die Schule geschwänzt, noch dazu meine Stunden, ich habe dich erwischt, noch dazu rauchend, und in meinem Zorn so richtig zur Schnecke gemacht. Das muss ich verdrängt haben, weil es ein nicht gerade rühmliches Verhalten war. Die Abreibung war berechtigt, nicht aber die geballte Ladung von Zorn und Enttäuschung. Ich wusste ja, dass du dich von mir lösen, »abnabeln« musstest, so wie alle Jugendlichen von Eltern und anderen Erwachsenen. Ich wusste auch, dass ich dir eine, nicht aber die Orientierung für dein Leben geben konnte, dass du zwischen zwei sehr unterschiedlichen Kulturen und ebenso unterschiedlichen Wertvorstellungen hin- und herlavieren musstest.

Als Lehrerin habe ich mich um Toleranz und Verständnis bemüht und vor allem darum, dir Widersprüche zu ersparen und, wo das nicht ging, durch Gespräche erträglicher zu machen. Aber das hat Grenzen. In Fragen der Erziehung kann man nicht ganz unterschiedliche Prinzipien gutheißen, das wäre eine falsche Toleranz. Die Prügelstrafe zum Beispiel, die ich aus eigener Anschauung von meiner früheren Dorfschule her noch kenne, ist mir heute als pädagogisches Mittel zutiefst zuwider. Und mir geht es ebenso wie Gune, wenn ich die Szene von der sogenannten Unschuldskontrolle lese. Ich weiß noch, wie es mir einen kleinen Stich versetzte, als ich dich als strahlende Braut sah. Du trugst zum weißen Kleid den roten Gürtel, wie die Sitte es verlangt, das Symbol der Jungfräulichkeit. Wir hatten früher oft über dieses Thema geredet. Mit meinen kritischen Gedanken dazu wollte ich dich damals nicht verunsichern: dass der Kult der Jungfräulichkeit, den es in fast allen Ländern und Kulturen gibt, auch als Inbegriff der Entmündigung und Bevormundung von Frauen in einer von Männern beherrschten Welt gesehen werden kann, dass es dabei in Wirklichkeit nicht um »Unschuld« geht (denn die ist in der Seele und nicht im Unterleib), sondern um männliche Machtansprüche. Und wenn ich als Touristin durch die Türkei reise und sehe, wie eine Frau schwer beladen hinter ihrem Mann hergeht, der gemütlich auf seinem Esel sitzt, dann bin ich weder tolerant noch verständnisvoll, sondern irritiert oder traurig oder wütend, auch wenn ich weiß, dass das niemandem hilft und dass die Frau vielleicht sogar ein ganz glückliches Leben hat.

Manchmal habe ich bei so einem Anblick gedacht: Wenn das nun Yildiz wäre, unsere Yildiz, meine Yildiz? Wie schrecklich! Und wie gut, dass sie nicht hier, sondern in Deutschland lebt. Das war vielleicht anmaßend, denn ich weiß ja, dass ihr ernsthaft über eine mögliche Zukunft in der Türkei nachdenkt und dass es dafür gute Gründe gibt, leider auch schlimme, wie die Geschichte mit eurem Nachbarn zeigt. Außerdem würdet ihr natürlich anders leben als diese ländlichen Familien, wo es noch so zugeht. Aber ob deine Vermutung, du könntest dein Leben als Frau in der Türkei ebenso frei und selbstbestimmt gestalten wie hier in Deutschland oder sogar noch mehr, sich bestätigen würde, daran habe ich große Zweifel. Nein, ich fürchte, du wirst die Widersprüche zwischen deinen zwei Welten nicht los, du wirst weiter in den beiden Kulturen leben und die Spannung zwischen ihnen aushalten müssen.

Ich weiß noch gut, wie schrecklich das Drama mit Aytekins Verlobung für dich war, wie du dir deinen Kummer mit Gedichten von der Seele geschrieben hast, wie du gehofft und gelitten und auf deine Weise gekämpft hast um ihn. Damals habe ich gefühlt, was du jetzt in dem Gespräch mit Gune sehr klar gesagt hast: Du hast bei ihm das gesucht, was eigentlich zu dir gehörte, was du aber noch nicht kanntest. Du wolltest endlich Ordnung und Klarheit in dein Leben bringen und hast dich darum sehr bewusst für die eine von deinen zwei Welten entschieden, die türkische. Dann kam die Erfahrung, dass du nicht nur einen Mann geheiratet hattest, sondern auch seine Familie und deren ganze Tradition, gegen deren Übermacht du mit deinem Freiheitsbedürfnis und deinen deutschen Vorstellungen von Selbstverwirklichung kaum ankommen konntest und kannst.

Ach Yildiz, es tut mir wirklich in der Seele weh, wenn ich lese, dass und warum du keine Tochter haben möchtest. Du hast ja Recht – niemand weiß besser als du, wie schwierig es ist, als türkisches Mädchen in Deutschland aufzuwachsen. Und auch, wenn ihr euch tatsächlich für die Türkei entscheiden solltet, kämst du aus dem Erziehungsdilemma nicht heraus: Du würdest entweder viele deiner Überzeugungen nicht an deine Tochter weitergeben und dir dann vielleicht selbst unglaubwürdig vorkommen oder aber die Widersprüchlichkeit des eigenen Lebens auch auf sie übertragen.

Oft habe ich in den letzten Jahren darüber nachgedacht, ob das, was unsere Schule dir mitgeben konnte, für dein Leben nicht ebenso oder vielleicht noch mehr ein Hindernis ist als eine Hilfe. Immer wieder komme ich zu dem gleichen Ergebnis: Ich würde mich auch heute im Prinzip nicht anders verhalten als damals. Aber einen Unterschied gibt es doch: Ich würde heute noch vorsichtiger sein im Umgang mit deinen Eltern, würde nicht, wie damals, versuchen, sie von der Richtigkeit unserer Erziehungsziele und -methoden zu überzeugen. Seit unserer gemeinsamen Zeit habe ich viele weitere türkische Schülerinnen und Schüler unterrichtet. Dass manche Mädchen schon in sehr jungem Alter das Kopftuch tragen, ist zum gewohnten Anblick geworden. Es zeigt in den meisten Fällen, dass ihre Familien sich und ihre Kultur bewusst von der deutschen abgrenzen wollen. Da nützt es wenig, mit pädagogischen Argumenten für eine »andere«, freiere Erziehung zu werben, die ja gerade abgelehnt wird. Es gibt nur einen Weg: Vertrauen herzustellen und damit eine feste Grundlage zu schaffen, so dass Probleme dann von Fall zu Fall ausgehandelt werden können. Die deutschen Schulen und wir Pädagogen müssen uns den türkischen Eltern gegenüber zuerst und vor allem als vertrauenswürdig erweisen.

Eine solche Vertrauensbasis hat es zwischen deinen Eltern und mir gegeben. Es gab damals bei uns nicht sehr viele türkische Schülerinnen und Schüler, weil die Schule am Stadtrand liegt, also ungünstig für die Wohngebiete, wo die meisten Familien nichtdeutscher Herkunft wohnen. Deine Eltern hatten kaum die Möglichkeit, sich mit Nachbarn und Freunden über schulische Dinge zu verständigen. Bis heute bin ich ihnen dankbar dafür, dass sie dich unserer Schule anvertraut und deren Arbeit, so gut sie konnten, unterstützt haben. Für deinen Vater war das noch schwerer als für deine Mutter. Sie konnte einfach vertrauen, er musste für Prinzipien eintreten. So wie bei jenem Gespräch, als er mir ein Foto deiner ältesten Schwester zeigte, auf dem sie als strahlende Braut ganz in Weiß zu sehen ist. Er sagte: »Das will ich für Yildiz.« Und er sagte auch, was er von deutschen Jugendlichen hielt, die ihm in der Stadt begegneten. So sollten seine Töchter nicht sein. Er wollte sie vor schlechten Einflüssen beschützen, weil er sich für ihr Lebensglück verantwortlich fühlte. Sie sollten in der Tradition groß werden, ihre Unschuld bewahren und früh heiraten, aber auch moderne Frauen sein, also einen Beruf ausüben können. Den Bildungsauftrag der Schule hat er darum akzeptiert und unterstützt, aber bestimmt entsprach seine Vorstellung von Bildung nicht der der Schule. Wenn das, was sie veranstaltete, in Konflikt mit seiner Vaterrolle geriet, musste es zwangsläufig zu Problemen kommen.

Damals habe ich solche Diskussionen und Auseinandersetzungen zum ersten Mal so intensiv geführt und mich später im Gespräch mit türkischen Eltern oft daran erinnert, weil sie ähnlich dachten und argumentierten wie dein Vater. So habe ich besser gelernt, die unterschiedlichen Erziehungsstile und -ziele als kulturelle Muster zu verstehen. Heute bin ich der Meinung, dass die meisten Schulen immer noch zu wenig tun, um solche Verschiedenartigkeit nicht einfach zu »schlucken« oder zu verdrängen im Namen einer falsch verstandenen Integration, sondern anzuerkennen und als Bereicherung zu verstehen.

Aber das ist leichter gesagt als getan. Da ist zunächst und vor allem das Problem der Sprache. Wie soll ein partnerschaftliches und gleichberechtigtes Gespräch zwischen deutschen Lehrern und nichtdeutschen Eltern aussehen, wenn diese die Sprache nur wenig beherrschen? Ich habe damals ernsthaft erwogen, wenigstens etwas Türkisch zu lernen, um mit deinen Eltern besser ins Gespräch zu kommen, und es dann auf die vielen Belastungen des Alltags geschoben, dass daraus nichts wurde.

Dabei hätten deine Eltern es bestimmt hoch anerkannt, wenn die Lehrerin ihrer Tochter ihnen in fehlerhaftem Türkisch etwas vorgestottert und somit wenigstens gezeigt hätte, dass es ihr ernst ist mit der Verständigung. Aber ein gutes Gespräch setzt voraus, dass keiner der Partner sprachlich aufs Stottern angewiesen ist. Und es ist auch keine Lösung, wenn ein Kind, um dessen Erziehung es geht, selbst den Dolmetscher spielt, wie du es oft getan hast. Mit dieser Aufgabe warst du dreifach belastet: Es ging um dich, du musstest also die gehorsame Tochter und die gute Schülerin sein und all die Rollenkonflikte verkraften, die damit verbunden waren. Und du hattest die Verantwortung der »Sprachmacht«; von deiner Übersetzung hing die Verständigung ab. Zugleich fühltest du dich als Vermittlerin auch für ein gutes Gesprächsklima verantwortlich. Bestimmt hast du manchmal blitzschnell die eine oder andere Äußerung etwas freundlicher oder milder oder einfach anders formuliert, um dieser Verantwortung gemäß zu handeln.

Sehr entschieden bin ich dafür, dass türkische und deutsche Kinder zusammen aufwachsen und erzogen werden. Es ist für mich eine besondere Freude, wenn ich bei dir lese, dass du den Kindern in deinem Kindergarten das weiterzugeben versuchst, was du selbst in unserer Schule erfahren hast. Und ich bewundere, wie du die Härten und manchmal schier ausweglos scheinenden Probleme deines Lebens im Vertrauen auf die eigene Kraft zu meistern versuchst. Als du erzähltest, dass es dir nach vielen Schwierigkeiten gelungen ist, die Arbeit in deinem Kindergarten wieder aufzunehmen, war ich richtig stolz auf dich, so wie früher in der Schule, wenn du etwas besonders gut gemacht hattest.

Ich sehe es für mich als ein Glück an, dass die Freundschaft zwischen uns beiden über so lange Zeit hinweg wie selbstverständlich erhalten geblieben ist und sich ebenso selbstverständlich von jener ersten Begegnung in deinem 9. Schuljahr an auf Aytekin übertragen hat. Wir sehen uns nicht sehr häufig und können uns doch gegenseitig dieser Freundschaft sicher sein.

Als sich in unserer Stadt ausländerfeindliche Aktionen häuften und es in der Region sogar zu einem Brandanschlag kam, haben wir uns zusammengesetzt, um zu beraten, wie man euch, eure Kinder und eure Wohnung und andere türkische Familien schützen und die Öffentlichkeit mobilisieren könnte. Wir sind bei Demonstrationen gemeinsam durch die Stadt gewandert. Als ein Freund von mir einen türkischen Schützling nach Deutschland einlud, der dort in einem Bauerndorf lebte und zum ersten Mal hierher kam, wart ihr es, die ihm nicht nur als Dolmetscher einen Dienst erwiesen, sondern als Helfer, Freunde, Gastgeber alles getan habt, um dem jungen Mann das Einleben in Deutschland zu erleichtern. Mein Freund hatte euch gebeten, ihm als Übersetzer zu helfen. Ihr habt viel mehr als das getan. Ihr habt versucht, dem Gast über den unvermeidlichen »Kulturschock« hinwegzuhelfen, ihn zu euch gebeten, ihm das fremde Land erklärt, und, da in Aytekins Familie gerade eine Hochzeit bevorstand, ihn zur Feier eingeladen und uns gleich mit. So kam ich zu meinem dritten türkischen Fest.

Öfter hast du in schwierigen Situationen meinen Rat gesucht, und wir haben uns dann verabredet. Immer habe ich es genossen, mit dir zusammen zu sein, und dich manchmal doch mit dem bedrückenden Gefühl verlassen, dir nicht wirklich helfen zu können. Bei Beziehungs- und Familienproblemen kann man selten helfen, diese Erfahrung habe ich oft gemacht, gerade in meiner Rolle als Lehrerin. Der Beruf bringt es mit sich, dass man viele Einblicke in Familienverhältnisse bekommt, die manchmal sehr dramatisch sind. Da möchte man helfen und kann es in den allermeisten Fällen nicht. Es ist auch wichtig, sich nicht in so eine Helferrolle hineinzusteigern. Trotzdem kann man nicht unbeteiligt sein, ist als schulische Autorität, oft auch als Gesprächspartner und Ratgeber gefragt und muss reagieren.

Jetzt haben sich unsere Rollen geändert, wir reden als Erwachsene, du hast dein Leben längst selbst in die Hand genommen und lässt mich daran weiterhin teilnehmen. Du sagst selbst, dass deine Probleme die der meisten jungen Familienmütter sind, nur mit dem Unterschied, dass sie sich für dich als Türkin durch die unterschiedlichen Kulturen erheblich zuspitzen. Nach unseren Maßstäben musst du dich in doppelter Hinsicht als benachteiligt ansehen: als Ausländerin gegenüber Deutschen und ganz allgemein als Frau, insbesondere als türkische Frau, gegenüber Männern. Dabei kann es nur ein geringer Trost sein zu wissen, dass die vielen Tausenden türkischer Mädchen und Frauen, die in Deutschland leben, sich alle mehr oder weniger mit den gleichen Problemen herumschlagen wie du. (Die Männer müssen es ja auf andere Weise auch.)

Aber sind unsere Maßstäbe eigentlich richtig? Mittlerweile gibt es viele türkische Mädchen und Frauen, die sich bewusst von der deutschen Kultur abgrenzen, und ihre Zahl scheint ständig weiter zuzunehmen. Schon sehr junge Mädchen neigen mehr und mehr dazu, sich in die »heile Welt« der islamischen Kultur zurückziehen. Sie tragen das Kopftuch zum Zeichen von Frauensolidarität und Emanzipation und zeigen uns damit, dass sie darunter etwas ganz anderes verstehen als wir. Sie wollen die traditionelle Frauenrolle annehmen, tragen sie selbstbewusst zur Schau und scheinen uns damit sagen zu wollen: Ihr habt ein Problem, nicht wir. Ihr seid desorientiert, glaubt nicht an eure eigenen Werte, habt keinen festen Halt in eurer Kultur. Unsere bietet ihn und damit auch eine gute Gemeinschaft. Das gilt sicher nicht für alle. Vermutlich tragen viele das Kopftuch, ohne groß darüber nachzudenken, weil ihre Eltern bzw. Ehemänner es von ihnen verlangen. Für heranwachsende junge Frauen kann es auch einfach als schicke Mode gelten, man grenzt sich ab und zeigt sich selbstbewusst. Andere machen diese Mode nicht mit, leben und verhalten sich wie ihre deutschen Altersgenossinnen und können dabei auch strahlende, selbstbewusste junge türkische Frauen sein. Einige wenige gehen einen anderen Weg, verlassen ihre Familie und suchen Zuflucht in Mädchen- und Frauenhäusern. Auch sie wollen ihr Leben in die eigenen Hände nehmen und weigern sich, die traditionellen

Rollenerwartungen zu erfüllen. Aber welchen Preis müssen sie für diese angestrebte Selbstständigkeit zahlen!

Der Kopftuchstreit hat unsere ganze Nation heftig bewegt, er beschäftigt in mehreren Ländern Gerichte und Parlamente, ist also zu einem brisanten kulturpolitischen Thema geworden. In der Türkei ist das Kopftuch in öffentlichen Einrichtungen verboten, soll es hier für eine Lehrerin erlaubt sein? Die Klägerin hat sich auf deutsches Recht berufen, das die freie Religionsausübung gewährt und schützt. Aber was ist, wenn diese Freiheit von Fundamentalisten missbraucht wird, die sich und die eigene Kultur für gut und alles andere für schlecht und böse halten?

Unter uns ist das kein Thema, dass wir solche Fanatiker ebenso ablehnen wie reaktionäre Deutsche, die gegen Ausländer wüten. Das Thema ist immer wieder die Frage, wo die richtige Mitte liegt. Früher haben viele Türken darauf gesetzt, sich so weit wie möglich an die deutsche Kultur anzupassen, und ebenso haben viele Deutsche das von ihnen erwartet. Heute geht der Trend eher in die andere Richtung: Türken wollen sich und ihre Kultur bewusst von der deutschen abgrenzen. Für dich und Aytekin und ebenso für die vielen anderen stellt sich immer wieder die Frage: Was ist mein Weg, was ist unser Weg?

Beide Verhaltensweisen – der totale Rückzug in überlieferte Werte und Verhaltensweisen und die totale Auflehnung gegen sie – können, so meine ich, nur dazu führen, dass der Graben zwischen den verschiedenen Kulturen noch tiefer wird. Angesichts der vielen Beispiele aggressiven und intoleranten Verhaltens könnte man darüber manchmal verzagen. Was mich überzeugt und mir Mut macht, sind Menschen wir ihr, die im Grenzbereich der Kulturen ihren Platz finden, die selbstbewusst und lebensmutig die vielen Widersprüche aushalten. Warum solltet ihr eigentlich in die Türkei gehen, wenn ihr doch beide gern hier seid? Du bist hier geboren, dies ist dein Land so wie meins, Deutsch ist deine zweite Muttersprache (oder vielleicht sogar deine erste, das wusstest du selbst nie genau). Ich schäme mich dafür, dass unsere Politiker es bis heute nicht fertig gebracht haben, euch eine angemessene Beteiligung am politischen Leben zu sichern.

Abgesehen von alledem bin ich auch aus egoistischen Gründen sehr dagegen, dass ihr in die Türkei geht. Für mich seid ihr »Dolmetscher« zur anderen Kultur, ganz zu schweigen davon, dass wir Freunde sind. Ich möchte mit euch im Gespräch bleiben – nicht nur, wenn wieder mal irgendein deutscher Idiot »Eseltreiber« zu euch sagt und wir gemeinsam beraten, wie man ihm das Maul stopfen kann, sondern auch, wenn es beispielsweise um Fragen der Erziehung geht. Ich hoffe und wünsche mir natürlich, dass ihr eure Kinder einer deutschen Schule anvertraut und mit ihren zukünftigen Lehrerinnen und Lehrern genauso im Gespräch sein werdet, wie deine Eltern es früher mit mir waren, und dass ihr mit ihnen Geschichten erlebt wie die, die wir hier erzählt haben, ganz normale alltägliche Geschichten, deren Besonderheit darin besteht, dass sie von Freundlichkeit und Vertrauen handeln, Geschichten, die keine »Helden« haben, es sei denn, man würde darunter die Menschen verstehen, die am meisten davon aufzubringen bereit sind. Eine solche Heldin ist für mich deine Mutter. Ich sehe sie noch weinend am Bus stehen, der uns in die Skihütte nach Österreich bringen sollte. Wieder und wieder nahm sie dich in den Arm, dann mich, und sie gab mir den nun schon mehrmals gehörten Satz zum Abschied mit auf den Weg, mit dem sie dich mir anvertraute: »Du Yildiz' Mutter, Yildiz dein Kind.«

Das waren starke Worte, wirksamer als jede noch so lange und wohlgesetzte Rede. Deine Mutter hat aus der Sicherheit ihres Gefühls heraus gehandelt. Das habt ihr beide gemeinsam, ebenso wie die Muttersprache. Du aber und deine Generation, ihr habt nicht nur die Sprache des Landes gelernt, in dem ihr lebt, sondern auch seine Denkweise. Du würdest mit den Lehrern deiner Kinder anders reden, in der Sprache der pädagogischen Vernunft, du würdest nicht einfach nach Gefühl entscheiden, sondern argumentieren, du würdest kritisch prüfen, ob die Schule auch das tut, was sie zu tun verspricht. Und du wirst immer wieder mit der Spannung zwischen den beiden Kulturen konfrontiert sein, mit deinem Mann, deinen Kindern, ihren Lehrerinnen und Lehrern verhandeln, Entscheidungen im Einzelfall treffen und es damit sehr schwer haben. Mir wird oft angst und bange, wenn ich erlebe, wie Jugendliche der dritten Generation sich abgrenzen, sich dieser Mühe verweigern. Es zeichnet sich ab, dass sich zwei getrennte Kulturen gegenüberstehen, oft verständnislos, bisweilen feindlich. Wenn wir das nicht wollen, sondern auf Toleranz und gutes Zusammenleben setzen, gibt es nur einen, den oft und immer wieder so mühsamen Weg der vernünftigen Verständigung. Niemand hat diese Mühe so sehr am eigenen Leib erlebt und so viel zu dieser Verständigung beigetragen wie ihr, niemand kann unserem Land darin ein besseres Beispiel geben. Wir brauchen euch!

Deine Annemarie